뇌와
임상미술치료

뇌와
임상미술치료

김선현 · 이규범 지음

Brain and
Clinical Art Therapy

이담 Books

머리말

    환자들과 미술치료를 하다 보면 심리적 문제, 정서적인 문제, 영적인 문제가 있음을 볼 수 있다. 그리고 신체적인 문제도 있다.

    ADHD아동, 게임중독청소년, 치매환자, 뇌졸중환자, 특수아동, 외상후 스트레스를 겪고 있는 사람들의 뇌의 변화가 정상인과 다른 것을 보게 된다. 더욱이 사람의 감정과 신체의 변화에 반응하는 뇌의 움직임이 있다.

    뇌는 감각기관을 통해서 자신의 인체와 외부환경의 상태에 대한 정보를 처리하고 근육을 움직이는 등 운동조절을 하며, 심장박동, 호흡 등의 생명기능과 언어, 정서, 기억 등의 고위인지기능을 수행하는 중추적인 기관이다. 뇌는 뇌신경세포들 간의 연결(시냅스)을 통해 뇌신경망을 형성하여 기능을 수행하며, 뇌신경망은 우리가 삶을 영위하는 동안 역동적으로 변화한다. 대부분의 뇌신경망의 발달은 유전적 프로그램을 통해 이루어지지만 마지막 단계는 유아기에 경험하는 감각적인 정보에 의존하여 일어난다. 결국 유전과 환경 모두 뇌신경망의 완성에 관여하고 있다. 따라서 우리는 뇌에 대한 이해와 함께 감각과 운동조절, 정서와 관련된 뇌 발달을 이해하고 아동들에게 일상생활 속에서 적절한 경험을 제공해주어야 한다. 아동의 특성에 따라 자발적이고 즐겁게 참여할 수 있는 미술활동, 음악활동, 체육활동 등의 놀이를 통해 아동들은 자신의 능력향상뿐만 아니라 환경에 더 잘 적응하고 타인과 조화로운 관계를 형성하는 아동으로 성장해 갈 수 있다.

최근에는 유아기부터 영어, 수학, 과학을 비롯한 영재교육에 지대한 관심을 갖고 있는 상황이다.

학습에도 뇌의 역할이 요구된다. 그러나 한국사회는 좌뇌 위주의 교육이 강조되어 있다. 또한 지나친 학구열에 의한 주입식 교육방식은 학교 폭력, 우울, 자살 등의 개인문제를 넘어 가정, 학교, 사회적인 문제로 확산되었다.

사람의 좌우 뇌는 각기 다른 기능을 수행하는데 언어적·분석적·이성적인 기능을 담당하는 것이 좌뇌이고, 형태적·직관적·종합적인 기능을 담당하는 것이 우뇌이다. 어느 쪽을 더 많이 사용하고 더 능숙한가에 따라 좌뇌형과 우뇌형을 구분할 수 있다.

그러다 보니 학교 학업성적을 높이기 위해 많은 경우 좌뇌

역할을 강화시키고 있다. 그러나 과학적·논리적인 사고와 더불어 공감능력과 창의성이 중요하게 요구되는 시기가 되었다.

이것은 하루아침에 아무 때나 되는 것이 아니다. 양육자에 의해 적절한 시기에 적절한 양육이라는 것이 동반되어야 한다.

지금의 학교폭력, 사회적인 문제들도 결국 다른 사람에 대한 공감능력 부재라고 볼 수 있다. 공감능력은 청소년 시기에 적절한 예술교육을 통해 이루어질 수 있다는 연구가 계속 나오고 있다.

그러나 치료를 진행하면서 안타까운 것은 부모님들이 자녀들의 상황을 잘 모르고 그 시기에 적절한 대처를 하지 못한 것이다. 오히려 자녀양육에 심한 부담감을 갖고 있는 경우가 많다. 아이들의 뇌 발달에 따라 적절한 놀이, 심리적·정서적 발달, 신체의 발달을 도와주고 이해한다면 자녀양육이 그렇게 힘들지 않고 오히려 신기하고 재미있을 수 있다.

이 책에는 뇌 발달뿐만 아니라 유아동의 신체적·정서적 발달, 부모교육에 관한 내용을 다루었다.

본문 중 좌뇌·우뇌 프로그램은 『전문가를 위한 미술치료 프로그램 시리즈』(김선현 저, 이담북스) 중 '좌뇌·우뇌 활성화를 위한 미술치료 프로그램 개발' 본문의 일부를 넣었음을 밝힌다.

이 책의 뇌에 대한 이론과 미술치료적인 기법의 이론 및 현장적용을 통해 각 발달단계에 따른 유아동, 청소년 개개인들의 창의성과 지적 능력뿐만 아니라 인성 발달과 치료를 돕는 발판이 되었으면 하는 바람이다.

아무쪼록 이 책을 사용하는 부모, 유아교사, 미술교사 등 교육현장의 교사를 비롯하여 의료현장에 있는 미술치료사, 임상심리사, 상담심리사 등에게 도움이 되기를 바란다.

2013년 3월

김선현 · 이규범

CONTENTS

PART 01

아동발달심리

아동발달심리

　발달(development)이란 개체에 있어서 모든 변화의 연속적인 과정을 말한다. 발달의 기제에는 각 단계에 맞는 과업인 적기성, 유아기의 경험이 중요한 기초성, 앞 단계에서 잘못되면 다음 단계에 더욱 잘못되는 누적성, 후 단계에서 전 단계를 교정 및 보충하지 못하는 불가역성이 있다. 생물학적 요인, 환경적 요인, 심리적 요인이 발달에 영향을 미치는데 생물학적 요인은 부모, 성, 민족, 질병 등이 있다. 환경적 요인으로는 지역, 계절, 가정의 사회 경제적 지위, 영양, 양육방식, 출생 순서 등이 있으며 심리적 요인은 친자관계의 질, 형제관계, 정신적 상처 등이 있다.

Ⅰ. 발달이론

1. 프로이트(Freud)의 심리성적(psychsexual) 발달이론

무의식적 욕구의 충족을 통해 의식의 발달을 전제로 인간의
의식 밑에 깔려 있는 무의식의 세계가 우리의 행동에 결정적
인 영향을 미친다. 프로이트는 리비도(libido, 성적 에너지)가
집중적으로 표출되고 만족을 얻는 신체 부위에 따라 발달단
계를 나누었는데 특정단계에 고착된 아동은 그 단계에 충족
되지 못한 욕구에 계속 집착하게 되므로 성격발달의 퇴행이
일어나게 된다.

마음은 의식, 전의식, 무의식이라는 3중 지형과 원초아, 자아,
초자아라는 3가지 주관체로 구성되어 있다고 보았다<그림 1>.
3중 지형 중, 의식(consciousness)은 개인이 자기의 주의를 기
울이는 바로 그 순간에 알아차릴 수 있는 정신생활의 일부분
으로 개인이 인식하고 있는 감각, 지각, 경험, 기억 등과 같은
모든 것을 말한다. 전의식(preconsciousness)은 알고는 있으나
쉽게 생각해 낼 수 없고 주의 집중하고 노력하면 의식이 될 수
있는 정신생활의 일부분들이다. 무의식은 의식 밖에 존재하
며, 개인 자신이 전혀 지각할 수 없는 정신생활의 한 부분으

로 욕구나 본능이 자리하고 있는 영역이다. 마음의 3가지 주관체 중 원초아(id)는 일차적 사고과정으로 가장 원시적이고 먼저 발달한다. 이것은 인간의 생존 에너지로 개인의 정신적 에너지의 원천적 창고이다. 비이성적이고 무의식적인 이기적인 본능이 쾌락의 원리로 작용한다. 자아(ego)는 현실 적응 능력의 의식으로 '일차적 사고과정'의 '이차적 사고과정'에 도움을 준다. 이성과 분별, 조절, 만족지연, 욕구 억제 기능, 균형 유지, 본능과 현실의 충돌로 만족이 지연될 때 발달하며 현실의 원리로 작용한다. 초자아(superego)는 사회적 규범이 내면화된 도덕적 이상주의적 특성을 갖는데 도덕, 가치관, 규범, 양심 등에 해당하며 이것은 동성 부모와 자기를 동일시해서 도덕적 가치나 사회적 규범을 내면화함으로써 발달한다.

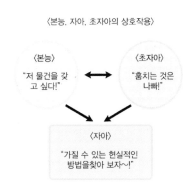

〈그림 1〉 마음의 3가지 주관체

자아가 위협받는 불안한 상황에서 자신을 보호하는 자발적, 무의식적인 심리의식이나 행위로 **방어기제**(defense mechanism)가 발달하는데 방어기제의 유형에는 **억압, 부인, 투사, 합리화, 반동형성, 대치, 승화, 동일시, 퇴행** 등이 있다. **억압**은 위협적이거나 고통스러운 생각, 감정들을 의식하지 못하도록 하는 것이다(예: 자신의 잘못과 연결된 사건을 기억하지 못하는 것). **부인**은 외부의 사실이 너무 압도적이어서 그것을 없었다고 심리적으로 부인하는 것이다(예: 내가 사랑하는 사람이 죽지 않았을 거라 생각하는 것). **투사**는 불안을 야기하는 소망이나 충동을 다른 사람에게 떠맡기는 것이다(예: 내가 좋아하는 대상을, 그 대상이 나를 좋아하는 것이라고 생각하는 것). **합리화**는 자존심을 유지하고 죄책감을 피하기 위해 행동의 실제 원인 대신 그럴듯한 이유를 대는 것이다(예: 내가 시험을 못 본 것은 시험이 어려웠기 때문이라고 생각하는 것). **반동형성**은 수용할 수 없는 충동을 막기 위해 무의식적 염원에 정반대되는 행동을 하는 것이다(예: 좋아하는 아이를 괴롭히는 행동). **대치**는 덜 위협적인 것으로 위협적 사건을 대신하는 것(예: 친구에게 화가 나서 친구의 노트를 다 찢어 버리는 행동)이며, **승화**는 욕구나 갈등을 사회적으로 용납될 수 있는 행동으로 변형시키는 것이다(예: 공격적 행동이 권투, 야구 등과 같은 공격적인 스포츠로 표현되는 것). **동일시**는 주변의 중요한 사람의 태도와 행동을 닮는 것(예: 청소년들이 연예인들을 따라 하는 것)이고 **퇴행**은 어려운 문제 상황에서 어린아이처럼 돌아가고자 하는 것이다(예: 문제 상황에서 울어 버리는 행동).

프로이트는 생물학적·성적 욕구를 충족시키기 위해 에너지가 집중되는 신체 부위에 따라 발달단계를 구분하였다<표 1>. 각 단계는 채워야 할 무의식적 욕구가 있고 이를 만족시켜야 다음 발달단계로 옮겨 가고 한 단계의 발달이 다음 단계의 발달을 결정한다. 개인의 욕구가 충족되지 않거나 지나치게 충족되면 성숙하지 못한 애착이나 다음 단계로의 발달이행을 방해하는 '고착'이 형성된다. 유아기의 억압은 성인기의 정신 및 성격발달에 장애를 가져오므로 부모는 유아기때의 경험을 만족스럽게 해 주어야 하고 자유스러운 표현을 통해 무의식이 억압되지 않도록 해야 한다.

〈표 1〉 프로이트의 심리성적 단계

구분	내용
구강기 (0~1세)	성적인 에너지가 입 주변에 집중되는 시기. 유아는 빨고 먹는 행동을 통해 욕구 충족.
항문기 (2~3세)	성적인 에너지가 항문으로 이동하는 시기. 유아는 배설물의 보유나 배출로 만족.
남근기 (4~5세)	성적인 에너지가 생식기로 이동하는 시기. 자신의 성기에 관심을 갖기 시작하고 이성부모를 사랑하게 되어 동성부모에 대해 갈등을 경험(오이디푸스 콤플렉스, 일렉트라 콤플렉스)하는 시기. 동성부모와의 동일시를 통해 갈등 해결. *오이디푸스 콤플렉스(Oedipus Complex): 남성이 부친을 증오하고 모친에 대해서 품는 무의식적인 성적 애착. *일렉트라 콤플렉스(Elektra Complex): 여자아이가 부친에 대하여 성적 애착을 가지며 모친에 대하여 증오심을 가지는 성향.
잠복기 (6~12세)	성적인 에너지가 잠복하는 시기. 동성친구나 외부세계에 관심 집중.
생식기 (13세 이후)	성적인 에너지가 생식기로 집중되는 시기. 생물학적인 변화로 진정한 성욕과 이성에 대한 갈망이 생기기 시작하는 시기.

2. 에릭슨(Erikson)의 심리사회적(psychosocial) 발달이론

에릭슨은 변화하는 욕구를 충족시키기 위해 환경과 접촉하는 과정에서 아동의 자아양식이 경험하는 위기와 극복과정을 성격발달의 주요인으로 생각하였다. 이것은 프로이트의 정신분석학적 접근에 기초하고 있으나 개인의 심리적 발달보다는 사회적·문화적 영향에 따른 발달에 관심을 두었고 대인관계와 자아에 대한 지각에 큰 의미를 부여하여 에고(ego)를 강조한다. 자아의 발달은 사회에 적응하기 위하여 자신의 경험과 행위를 통합하는 능력을 말한다. 인간의 발달적 변화

는 전 생애를 거쳐 나타나고 각 발달단계마다 해결해야 할 중
요한 발달과업과 위기가 있다. 한 단계에서의 발달과업의 성
공 여부는 다음 단계의 발달과업 수행에 영향을 미친다. 성
격발달의 바람직한 측면을 각 단계의 특성이자 이루어야 할
과업으로 보았고 이를 교육의 목표로 보았다. 에릭슨은 유아
의 발달 특성 자체보다는 유아의 발달이 사회, 문화적 관계에
서 일어난다는 것을 강조한다.

〈표 2〉 에릭슨의 사회심리 발달단계

구 분	내 용
유아기 (출생~2세) 신뢰 대 불신	유아는 양육자에 대한 일차적 사랑, 신뢰관계를 형성하는데 그렇지 못하면 이후의 사람과 사회에 대한 불신감을 발달시킨다.
초기 아동기 (2세~3세) 자율성 대 수치심	스스로 행동하는 아동의 노력을 칭찬하고 격려하면 자율성이 형성된다. 그러나 지나친 억압이나 조롱은 아동의 자율성을 손상시키므로 수치와 의심을 발달시킨다.
아동 후기 (3~5세) 주도성 대 죄책감	스스로 계획하여 주도적으로 행동하려는 아동들은 열심히 배우며 경쟁한다. 아동들이 설정한 계획과 기대가 이루어지면 주도성, 솔선성이 형성되나 잦은 실패와 주위의 억압은 죄책감을 형성하게 한다.
학령기 (5~12세) 근면성 대 열등감	아동은 새로운 기술을 열심히 습득하고 또래와의 접촉을 통하여 함께 일하고 노는 방법도 학습한다. 학습과 놀이를 통한 아동의 성공경험은 근면성을 발달시키나 실패는 열등감을 야기한다.
청소년기 (12~18세) 자아정체감 대 정체혼란	"내가 누구인가?", "나는 무엇을 할 수 있는가?"에 대한 해답을 얻기 위해 심각하게 고뇌하고 갈등한다. 자신의 존재와 추구해 나갈 가치에 대한 확신이 서면 정체감 획득이 이루어지는 반면, 그렇지 못하면 혼란에 빠지게 된다. 청소년은 주변인(marginal person)으로 아동도 성인도 아니며, 청소년기는 사회적 역할에 대해 명확하게 정의되어 있지 않은 시기로 정체성의 혼란을 경험하게 된다. 청소년기는 정체감을 확립하기 위한 유예기간(moratorium)이다.
성인 초기 (18~25세) 친밀감 대 고립감	성인 초기는 타인과 친밀한 관계를 형성하고 친근감을 획득한다. 그러나 진정한 상호관계를 이루지 못하면 고립감에 빠지게 된다.

성인기 (25~65세) 생산성 대 침체성	자녀를 낳고 양육하고 직업을 가짐으로써 자신의 이상을 실현하고 타인을 보살핌으로써 생산성을 획득한다. 그렇지 못한 사람들은 자기 자신에게로만 빠져들고 자기 침체에 빠지게 된다.
노년기 (65세 이후) 자아통합 대 절망감	자신의 인생을 되돌아보고 나름대로 의미 있었다고 수용할 수 있는 사람은 자아통합을 이룰 수 있는 반면 지나온 생애를 후회하고 무가치하다고 생각하는 사람은 절망감을 경험한다.

3. 피아제(Piaget)의 인지발달이론

피아제는 지식의 기원과 발생, 즉 발생적 인식론에 관심을 갖고 아동의 인지발달이론을 발전시켰다. 피아제 이론의 기본 명제는 "인지발달은 유기체 구조와 환경 자극과의 구성적 통합(constructive synthesis)의 결과"라는 것이다. 그리고 지식을 신체적·정신적 활동의 과정으로 본다. 인간의 지적 능력은 타고난 것이되, 그것이 주어진 환경에 적응하는 과정에서 인지의 발달이 일어난다는 것이다. 이것을 설명하기 위해 피아제는 도식과 적응이라는 개념을 설정했다. 도식(schema)은 사물이나 사건에 대한 전체적인 윤곽, 쉽게 말해 사고의 틀이라고 생각할 수 있다. 예를 들어 5세 유아가 날아다니는 물체는 새라고 배웠다면 이를 통해 이 아이는 "날아다니는 물체는 새와 같다"는 도식을 보유하게 된다. 몇 가지의 도식은 인간이 탄생하기 이전부터 이미 가지고 있다. 예를 들면 빨기 도식이나 잡기 도식과 같은 것인데, 빨기 도식의 경우

숟가락을 사용하게 되면 형태가 변화하게 된다. 그러나 그 기능 면에서 변화된 것은 아니라서 적응의 과정을 통해 새로운 도식을 개발하고, 기존의 것을 변형시키면서 발전하게 된다. 적응(adaptation)은 환경과의 직접적인 상호작용을 통해 도식이 변화하는 과정으로 두 가지의 상호 보완적인 과정을 통해 이루어지는데, 그것은 바로 '동화'와 '조절'이라는 수단이다. 동화(assimilation)는 기존의 도식에 맞추어 새로운 경험을 일반화하는 과정으로 환경과 상호작용할 때 받은 자극을 이미 자신이 지니고 있는 현재의 행동, 정신체계 속으로 흡수·통합하려는 것이다. 조절(accommondation)은 만약 새로운 경험이 기존에 가지고 있던 도식에 맞지 않을 때 유기체는 불평형 상태를 겪게 되는데 이 상태에서 평형의 상태로 돌아가기 위해 기존에 가지고 있던 도식을 변경하거나 새롭게 만드는 것이다. 평형화(equilibration)는 동화와 조절이 균형을 이루도록 하는 적응의 과정으로 개인이 사회적·물리적 환경에 적응할 때 이미 습득한 지식(동화)과 새로운 정보(조절) 간에 균형을 유지하는 것이다.

피아제는 인간의 인지발달은 네 단계로 이루어져 있으며 질적으로 다른 이 단계들은 정해진 순서대로 진행되고 단계가 높아질수록 복잡성이 증가된다고 하였다(Piaget, 1954).

1) 감각운동기(sensorimotor stage, 출생 직후~2세)

감각운동기에는 신생아의 단순한 반사들이 나타나는 출생에서 초기의 유아적 언어가 나타나고, 상징적 사고가 시작되는 2세경에 끝난다. 이 단계에서 아동의 행동은 자극에 의해 반응하는 것에 불과한데, 이는 언어가 발달하기 이전의 단계이기 때문이다. 따라서 아동은 시각이나 청각 등의 감각과 운동기술을 사용해 외부 환경과 상호작용하게 된다. 유아의 행동은 분명한 목표를 반영하기 시작하고, 이들 목표는 구체적인 것에서 추상적인 것으로 진행된다. 감각운동기의 마지막 시기에 접어들면서 아동은 사물과 사건을 정신적으로 표상하기 시작한다. 즉각적으로 외부세계에 반응하기 때문에 인지활동은 감각적이고 운동적인 것으로 제한된다. 그리고 그 반사적 행동이 복잡해지면서 습관화된다. 1년 6개월을 전후하여 표상능력이 생기면서 간단한 문제 해결 능력이 가능해지고 기억, 상상하는 능력이 생긴다.

이 시기의 가장 중요한 특징으로 대상영속성(object permanence)을 보유하게 되는데 이는 대상이 보이지 않더라도 존재한다는 것을 알게 되는 것을 말한다. 초기의 아동은 어떤 대상이 눈앞에서 사라지면 세상에서 없어지는 것으로 이해한다. 그러나

이 시기가 지나게 되면 눈앞에서 사라져도 아예 없어지는 것은 아니라는 것을 이해하게 된다(8개월 무렵). 또 이 시기가 지나면 모방이나 기억이 가능한, 정신적 표상을 형성하게 되며 초기의 단순한 반사행동은 사라지고 점차 자신의 의도에 따라 계획한 목적행동으로 바뀌게 된다.

- 제1단계(0~1개월): 반사적 행동만 존재한다. 생득적인 유아의 기본 반사는 빨기, 잡기, 울기, 움직이기 등에 지나지 않는다. 사물에 대한 개념에 대해서는 전혀 의식하지 못하며 자신과 환경을 변별하지도 못한다. 또한 전적으로 자기중심적이므로 인과관계를 파악하는 것이 불가능하다.

- 제2단계(1~4개월): 손가락 빨기의 손과 입의 협응, 움직이는 사물을 따라가는 눈의 협응, 소리에 반응하는 눈과 귀의 협응 등 새로운 행동들이 나타난다. 이 단계에서 사물에 대한 인식을 하기 시작하고 소리가 나는 사물을 보려고 한다. 또한 사물이 시야에서 사라진 후에도 유아들은 사물이 지나간 자리를 계속 쫓는다.

- 제3단계(4~8개월): 유아의 행동은 자신의 신체를 능가하

여 사물, 사건으로 지향해 간다. 시각과 촉각의 협응을 보이면서 손에 닿는 모든 사물을 잡고 만진다. 이 시기에 이르면 유아에게 인상 깊었던 일을 재현하려는 재생적 동화가 나타난다. 또한 목표 지향적, 의도적인 행동 형태를 갖는 물체의 위치를 짐작하고 찾기 시작한다. 이 시기에도 역시 자기중심적 성향이 강하기 때문에 스스로를 모든 활동의 근본원인이라고 생각한다.

– 제4단계(8~12개월): 처음으로 지능활동을 보인다. 의도적이고 목표 지향적인 행위가 강해진다. 사물개념에 있어서는 형의 영구성과 크기에 대한 개념을 형성하고 자신과 사물을 구별한다. 또한 인과성의 개념에 있어서는 자기 곁의 사물이 원인이 될 수 있다는 것을 알게 되며 자신의 신체뿐만 아니라 모든 사물이 활동의 원천이 될 수 있음을 깨닫는다.

– 제5단계(12~18개월): 비교적 높은 수준의 조작을 하게 되어 새로운 문제 해결에 필요한 새로운 도식들을 형성하기 시작한다. 인과성 파악이 자기 이외의 다른 사람이 활동에 영향을 줄 수 있음을 인식할 수 있을 정도로 발달한다.

－제6단계(18~24개월): 지능의 감각 운동적 수준을 벗어나 표상적인 지능으로 발달한다.

2) 전 조작기(preoperational stage, 2~7세)

조작이란 어떤 논리적인 사고를 통해 조작하는 행위를 의미한다. 전 조작기란 조작이 가능하지 않은 이전의 단계이다. 이 시기에는 대략 언어를 사용하면서 자신이 내재적으로 가지고 있는 표상을 여러 형태의 상징으로 표현한다. 전 조작기 사고의 주요한 특징은 다음과 같다.

① 상징적 사고

감각운동기까지의 인간은 자신의 행동이나 감각에 의존하여 생활한다. 그러나 감각운동기의 말기가 되면 점점 정신적 표상을 형성하기 시작한다. 여기서 정신적 표상은 언어의 발달을 가속화하는 특징이 있다. 전 조작기 아동은 자신이 가지고 있는 표상들을 그림이나 언어 등의 형태로 표현한다.

가장 대표적인 예로는 가상놀이가 있으며 소꿉놀이나 병원놀이와 같은 것이 이에 속한다. 이때 아동은 가상적인 사물과 상황을 실제 사물이나 상황처럼 상징화하곤 한다.

② 자기중심적 사고(egocentrism)

아동들은 남을 배려하지 못한다. 자신의 관점을 떠나 다른 사람의 관점을 이해하는 데 어려움을 갖는다. 피아제는 그 원인을 자기중심적 사고에서 찾는다. 전 조작기의 아이들은 타인의 생각, 감정, 지각, 관점 등이 자신과 동일하리라고 생각하는 특성을 가지게 되는데 '세 산 실험'의 결과에서 그 내용을 찾을 수 있다.

아동들에게 비대칭적인 산 모양을 보여준 후, 아동이 앉아 있는 위치와는 다른 위치에서 관찰자가 그 광경을 보았을 때 무엇을 볼수 있는지를 물어보았다. 일반적으로 3, 4세의 아동은 타인도 자기가 보는 부분을 볼 것이라고 예상한다. 이러한 실험을 통해 이 시기의 아동들은 타인의 시각에서 조망을 추론할 수 있는 조망수용능력(perspective taking)을 가지고 있지 못하다는 것을 알 수 있다.

③ 직관적 사고(intuitive thinking)

크기, 모양, 색깔과 같은 한 가지 두드러진 속성에 근거하여 대상을 이해하려는 사고를 말한다. 즉 지각적인 특성에만 의존하게 된다는 것인데 이러한 사고의 특성으로 전 조작기 아동은 보존 개념을 획득할 수 없게 된다.

예를 들어 A, B의 두 비커에 같은 양의 물을 담았다고 생각해 보자. A 비커와 B 비커는 모두 넓고 낮은 모양이므로 두 비커에 든 물의 양은 동일하다고 여긴다. 그러나 B 비커의 물을 좁고 높은 모양의 C 비커에 담는다면 물이 줄어들었다고 여기게 된다. 즉 눈에 보이는 모양만을 보고 물의 양을 판단하는 직관적 사고가 나타나는 것이다.

④ 물활론적 사고

모든 사물에 모두 생명이 있다고 여기는 사고를 말한다.

⑤ 인공론적 사고

모든 것을 사람이 만들었다고 생각하는 것과 나를 위해 만들어졌다고 생각하는 사고를 말한다.

3) 구체적 조작기(concrete operation, 7~11세)

아동이 구체적 조작단계에 들어갈 때 자기중심성과 중심화의 한계를 극복한다. 이 시기에 논리적으로 통합된 사고를 입증할 수 있다. 점차적으로 내면화된 행위를 통해 조작이 가능한 논리적·수학적 지식을 창출한다.

① 보존 개념

보존 개념이란, 모양이 넓은 같은 모양의 컵에 같은 양의 우유를 보여준 뒤, 한 컵의 우유를 모양이 다른 긴 컵에 부어도 긴 컵과 넓은 컵의 우유 양은 같다는 것을 이해하는 것이다. 즉 동일성, 보상, 역조작의 개념이 가능해지는 것이다. 또한 수의 개념에서도 달걀과 컵을 나란히 놓은 뒤 어느 것이 더 많으냐 하면 컵과 달걀의 수가 같다고 대답하지만 달걀이나 컵을 한쪽으로 모아 놓으면 달걀과 컵의 수가 다르다고 생각했던 전 조작기의 특성에서 벗어나게 된다. 전 조작기 아동은 같은 양의 진흙으로 만든 두 개의 공을 보여준 뒤 아동 앞에서 하나를 핫도그처럼 길게 만들면 어느새 양이 달라졌다고 생각하지만 보존 개념을 획득한 구체적 조작기에는 모양이 달라져도 그 양이나 수는 보존된다는 개념을 획득한다.

② 유목화

유목화의 개념적 기술로서 이것은 대상들을 그들이 공유하는 어떤 차원에 따라 집단화할 수 있는 능력을 말한다. 예를 들어 가족이나 친척들을 자신에게 친밀한 차례대로 순서를 매기는 것이 이에 속한다.

③ 서열화

대상을 길이, 무게, 부피 등이 크고 작은 순서대로 배열하는 능력인 서열화와 대상을 공통 속성의 기반으로 묶는 과정인 분류를 획득한다.

④ 조합

더하기, 빼기, 곱하기, 나누기와 같이 수를 조작할 수 있는 능력을 갖게 된다. 각기 다른 많은 종류의 문제를 해결할 능력을 갖추었음에도 불구하고 구체적 조작기에 있는 아동은 가설적 사고는 할 수 없다. 예를 들면, "만약 사람이 미래를 알 수 있다면 현재보다 더 행복해질까?"라는 질문에 대한 답을 생각하고 논의하는 데에는 어려움을 겪는다.

4) 형식적 조작기(formal operation stage, 12세 이후)

추상적인 문제들을 체계적으로 고찰하고 그 결과를 일반화할 수 있는 시기로 가설을 추리하고, 사회적 쟁점에 대한 관심을 표명한다. 구체적 대상 없이 형식적으로 진술된 전제나 명제를 추리할 수 있다. 가역적으로 사고하거나 문제를 해결하기 위한 체계적 접근을 계획할 수 있다. 현실을 초월

<표 3> 피아제의 인지발달단계

구 분	내용
1단계 – 감각운동기 (0~2세)	인지적인 능력보다는 주로 감각적이고 운동능력을 보이는 시기
2단계 – 전 조작기 (2~7세)	언어적 능력의 급속한 발달과 자기중심적 사고, 과정보다 결과에 초점을 두는 직관적 사고, 논리적인 조작은 하지 못하는 시기
3단계 – 구체적 조작기 (7~12세)	여러 사건과 상황들을 논리적으로 관련 지어 사고하는 시기 보존 개념을 획득, 다른 사람과의 관계성의 이해
4단계 – 형식적 조작기 (13세 이후)	추상적이고 논리적인 사고의 시기, 상대적이고 다차원적인 사고

하는 가능성을 상상하는 능력을 가지며 융통성 있고 능동적으로 복잡한 문제를 능률적으로 다룰 수 있는 시기이다.

4. 콜버그(Kohlberg)의 도덕성 발달이론

콜버그에 의하면 도덕발달수준은 도덕적 판단 자체에 의해 결정되는 것이 아니라 그런 판단을 낳게 한 사고의 내용에 의해 결정된다. 도덕성 발달은 성별차이가 존재하며, 남성이 여성에 비해 높은 수준의 도덕성 발단단계에 이를 수 있다고 보았다. 아동의 인지능력이 발달함에 따라 도덕발달수준도 단계적 계열을 따라 순서대로 발달한다. 도덕성 발달수준을 전 인습적 수준(4~10세), 인습적 수준(10~13세) 및 후 인습적 수준(13세 이상)으로 나누고 각 수준마다 두 개의 단계를 설정하여 총 6단계를 거치며 발달한다고 보았다.

도덕성 발달에 영향을 미치는 요인은 부모, 또래, 대중매체가 있다. 애정 지향적이고 수용적인 양육태도의 부모는 자녀의 도덕성 발달에 긍정적 영향을 미치며 지나치게 엄격하고 통제적인 양육태도는 부정적인 영향을 미친다. 비일관적인 부모의 양육태도는 혼란과 불안, 적의 불복종을 초래하며 청소년 범죄를 유발하고 부모의 학력, 사회경제적 지위, 문화수준 등 지위요인이 도덕성 발달과 관계가 있다. 또래는 부모의 가치관과 또래의 가치관이 일치할 경우 도덕적 가치 강화에 도움이 된다. 그러나 서로 다를 경우, 도덕적 결정을 내리는 데 갈등을 유발할 수 있다. 텔레비전에 나타나는 폭력은 공격적 행동뿐만 아니라 도덕적 가치나 행동에도 영향을 미친다.

1) 전 인습적 수준(4~10세)

규칙이 외부의 영향에 의해 이뤄지며 아동은 행동의 결과인 보상이나 처벌에 의해 옳고 그름을 판단하거나 규칙을 정하는 사람들의 권위에 따라 도덕성을 판단한다.
　-1단계: 처벌과 복종 지향
처벌을 피하기 위해 규칙과 권위에 복종하고 비합리적·무조건적으로 외부 권위에 순응한다. 규칙을 어긴 행위의 본질보다 그러한 행동은 결과인 벌을 받기 때문에 나쁘다고 여기며 힘이 있는 사람에게 무조건 복종하는 것을 도덕적 가치로 본다.

－2단계: 상대적 쾌락주의

아동은 보상을 얻기 위해, 개인적 목적을 위해, 규칙에 동조하며 자신과 타인을 만족시키기 위해 도덕적 행동을 한다. 자기가 어떻게 보느냐에 따라 상대적으로 달라질 수 있다고 보며, 자신의 욕구와 쾌락에 따라 도덕적 가치를 판단한다.

2) 인습적 수준(10~13세)

자신이 속한 가족, 사회, 국가의 기대에 맞는 행동을 하고자 노력한다. 힘이 있거나 권위적인 타인의 칭찬을 획득하고 사회질서 유지를 위해 규칙, 기준을 따르고 타인의 관점을 인식하면서 집단이나 집단성원에 대해 동일시한다.

－3단계: 착한 소년·소녀 지향

도덕이란 타인과 좋은 관계를 유지하는 것이라 생각하고 타인으로부터 칭찬받고 타인을 기쁘게 해 주고 도움이 되는 행동을 해야 한다고 생각한다. 물리적 힘보다 심리적 인정에 관심이 있으며 착하게 됨으로써 타인의 인정을 받고 사회적 규제에 의해 행위의 옳고 그름을 판단한다.

－4단계: 법과 사회질서

법과 사회질서를 준수하고 자신의 의무를 다하는 것을 옳은 행동으로 생각한다. 선한 행동이란 사회가 정한 규칙이나 역할을 그대로 따르는 것으로 본다. 도덕적 판단의 근거가 타인 중심에서 벗어나 사회규범으로 전환되며 법의 기능을 전체로서 개념화한다.

3) 후 인습적 수준(13세 이상)

집단의 권위나 권리를 행사하는 사람들과 무관하게 도덕적 가치와 원리를 규정한다. 보편적으로 타당한 원리로써 옳고 그름을 판단하며, 도덕적으로 옳은 것과 적법한 것이 항상 일치하거나 같은 것이 아님을 깨달을 수 있다.

－5단계: 민주적 법률

법률에 따라 행동하는 것을 도덕적인 것으로 본다. 법이란 사람들이 화목하게 살아가기 위해 공동체가 동의한 장치이다. 법이 개인의 권리나 존엄성을 위협한다면 도전을 받아야 한다고 생각하고 법이 사람들이 필요로 하는 바를 충족시키지 못하면, 민주적인 절차를 통해 변경 가능한 것이다.

－6단계: 보편적 원리

최고의 선은 자신이 선택한 보편적인 윤리적 원리를 따르는 것이라고 생각한다. 개인의 양심이나 윤리적 원칙에 따라 옳고 그름을 정의하고 이러한 원칙들은 법, 사회적 가치 또는 사회적 계약을 초월해서 인간의 존엄성, 포괄성, 보편성, 공정성 등을 지닌다.

II. 기질과 애착

1. 기질(temperament)

기질은 환경적 사건들에 정서적 및 행동적으로 반응하는 개인의 특징적 모드로서 활동수준, 자극민감성, 공포, 사회성과 같은 속성들을 포함한다. 이 속성들은 활동의 전형적인 속도나 활력, 부적사건들에 대해 쉽게 혹은 강하게 혼란스러워지는 자극 민감성, 동요 후에 평온해지는 데 있어서의 용이성, 강렬한 혹은 이상한 자극에 대한 정서인 공포, 사회적 자극에 대한 수용성을 말한다. 기질은 행동의 개인차가 유전적인 것이며 시간적으로 안정된 생물학적 기초가 있음을 시사하는 유전적 영향과 환경적 영향을 받는다. 환경적 영향은 대부분의 기질적 속성들이 단지 중간 정도만 유전될 수 있고 환경도 아동의 기질을 조성하는 데 영향을 끼친다는 것을 의미한다. 초기 기질의 프로파일에는 쉬운 기질, 까다로운 기질, 더딘 기질이 있다. 쉬운 기질은 규칙적인 일과를 재빨리 형성하고 보편적으로 성질이 좋고, 쉽게 낯선 것에 적응하는 프로파일이다. 까다로운 기질은 일과에서 불규칙적이고 새로운 경험에 대해 느리게 적응하고, 자주 부정적이고 강하게 반응하는 기질 프로파일로 학교 부적응, 또래관계 문제 등이 발생할 수 있다. 더딘 기질은 활발하지 못하고 변덕스럽고 새로운 일과나 환경에 대해 부드럽지만 수동적인 저항을 보이는 기질 프로파일로 무시되거나 관심을 받지 못한다. 자녀를 양육하는 데 있어서는 조화의 적합성이 중요한데 부모의 자녀 양육방식이 아동의 기질적 특성과 민감하게 조화를 이룰 때 발달이 최적화될 가능성이 높다.

2. 애착

애착(attachment)은 두 사람 간의 밀접한 정서적 관계로서, 상호 간 애정과 근접성을 유지하는 욕구를 말한다. 비사회적 단계, 비변별적 애착단계, 특정인 애착단계, 다인수 애착단계를 거쳐 일차 애착이 형성된다. 비사회적 단계(0~6주)의 영아는 흥미로운 사회적 자극과 비사회적 자극에 대해 동등하게 호의적으로 반응한다. 비변별적 애착단계(6주~6, 7개월)의 영아는 비사회적 자극보다 사회적 자극을 선호하고 성인이 자신을 내려놓거나 혹은 홀로 남겨 놓으려 하면 저항할 가능성이 높다. 특정인 애착단계(7~9개월)의 영아는 한 명의 친밀한 동료(주로 어머니)에게 애착된다. 환경을 탐색하고 정서적 지원을 받기 위해 돌아갈 수 있는 기지로서 양육자를 안전기지로 이용한다. 다인수 애착단계의 영아는 18개월이면 일차 애착대상 외에 다른 동료들과도 애착을 형성한다.

1) 애착이론

① 정신분석이론

프로이트는 어린 영아는 대상을 빨고 우물거리는 것으로부터 만족을 끌어내는 구강적 창조물이며 구강적 즐거움을 제공하는 사람, 즉 어머니에게 애착된다고 보았다.

에릭슨은 어머니가 음식을 주는 것이 영아 애착의 강도의 안정성에 영향을 미치고, 자녀의 욕구에 대한 어머니의 전반적인 반응성이 음식을 주는 것 자체보다 더 중요하다고 하였다.

② 학습이론

영아는 즐거움이나 유쾌한 감각들과 어머니를 연합하게
되고, 어머니 자체가 이차강화인(secondary reinforcer)으로서의
지위를 갖게 되면 애착이 형성된다는 이론이다.

예) 1959년, Harlow의 원숭이 애착발달 연구 – 생애 첫날
부터 어미로 분리된 새끼 원숭이들은 165일 동안 헝겊어미
와 철사어미에 의해 양육되었다. 새끼 원숭이의 절반은 항상
따뜻하고 편안한 헝겊어미가 먹이를 주었고, 나머지 반은 철
사어미가 먹이를 주었다. 새끼 원숭이들은 먹이를 주는 어미
에게 애착될 것인가? 헝겊어미를 선호할 것인가? 새끼 원숭
이들은 먹이를 먹는 동안만 철사어미와 함께 시간을 보냈고
혼란스럽거나 두려워질 때면 곧바로 헝겊어미에게 달려갔다.
모든 새끼 원숭이들은 헝겊어미에게 애착되었다. 접촉위안
이 먹이를 주는 것이나 굶주림의 감소보다 원숭이의 애착에 더
강력한 기여자임을 시사한다.

〈그림 2〉 Harlow 연구에서 사용된 '철사'어미와 '헝겊'어미

③ 인지발달이론

애착을 형성하는 능력은 부분적으로 영아의 지적 발달수
준에 달려 있다는 이론이다. 영아의 대상영속성이 형성된 후
에야 일차 애착을 형성할 수 있다. 애착이 나타나는 7~9개월
은 피아제의 감각운동 하위단계에 들어가는 시기로 대상영
속성이 형성되는 시점이다.

④ 동물행동학 이론

행동경향성을 갖고 태어난다는 이론으로 로렌즈의 거위

실험을 통한 각인이 대표적인 예이다. 1937년 로렌즈는 거위 알을 1집단은 어미가 부화하도록 하고, 2집단은 로렌즈 자신이 부화시켰다. 2집단에서 부화한 거위들이 로렌즈를 졸졸 따라다니는 사례를 통해 <그림 3-1> 어린 거위 새끼가 움직이는 대상들을 따라다니는 각인(imprinting)을 보고하였다. 각인은 어떤 종의 어린 개체가 움직이는 대상(대개 어미)을 따라다니고 애착되는 타고난 혹은 본능적 형태의 학습을 말한다. 각인은 자동적인 것이며 새가 부화된 후 협의로 정의된 결정적 시기 내에서만 일어나고 되돌릴 수 없다.

〈그림 3-1〉 로렌즈를
따라다니는 어린 거위들

〈그림 3-2〉 로렌즈

2) 애착 안정성 측정으로 본 애착의 질

애착 안정성 측정으로 본 애착의 질에는 안전애착, 저항애착, 회피애착, 해체/혼란애착이 있다. 안전애착은 영아와 양육자 간의 결속으로, 아동이 친밀한 동료와의 접촉을 반기고 이 사람을 환경을 탐색하는 기지로 이용한다. 저항애착은 영아와 양육자 간의 불안전한 결속으로서, 강력한 분리저항과 가까이에 남아 있으려는 경향성을 보이지만 양육자가 시도하는 접촉에 대해 저항하는 특징을 보인다. 회피애착은 영아와 양육자 간의 불안전한 결속으로 분리에 대한 저항이 거의 없고 양육자를 피하거나 무시하는 경향을 보이는 것이 특징이다. 해체/혼란애착은 영아와 양육자 간의 불안전한 결속으로 재결합 때에 영아의 멍한 모습과 처음에는 양육자를 찾다가 다음에는 갑자기 피하는 경향을 보이는 것이 특징이다.

3. 대상관계이론

1) 기본전제 및 주장

전통적 정신분석과 달리 생의 초기의 대상관계를 강조한다.

프로이트는 성욕, 공격성의 충족과 성격발달을 관련시켰으나, 대상관계이론에서는 대상관계를 강조하였다. 즉 생의 초기 3년 동안의 대상관계 경험에 의해 성격이 형성되고 훗날 이것이 재현됨을 주장하였다. 초기 3년 동안의 대상은 주로 양육자인 어머니와의 애착경험에 의해 성격이 형성됨을 강조한다. 특히 어머니에 대한 긍정적·안정적인 상이 내면에 형성될 경우 건강한 성격, 건강한 관계의 형성에 자양분이 된다.

2) 기본요소

인간은 자기의 성격 특징을 가지고 태어나서 발달과정에서 주요 대상과의 관계 속에서 성장한다. 따라서 이 과정에서 자기 표상, 대상표상이 형성되고 이 둘 간의 관계가 형성된다. 자기 표상은 나는 어떤 사람인가에 대한 근본적 이미지로 나는 못난 사람, 나는 잘난 사람 등이라고 생각하는 것이다. 대상표상은 상대나 세상에 대한 근본적 이미지로 좋은 사람, 나쁜 사람, 무서운 사람으로 여기는 것이다. 대상관계는 자기와 대상이 맺는 어떤 식의 관계를 뜻하고 가학적−피학적 관계, 의존적 관계 등이 있다.

3) 대상관계의 패턴

한 사람이 다른 사람을 만나 친해지고, 갈등에 빠지고, 헤어지는 과정 등 인생 전반에서 드러나는 비슷한 패턴을 말한다. 특히 이런 대상관계는 친한 관계(친구, 연인, 부부관계)일수록 잘 드러난다. 인간관계의 대상을 택할 때 어린 시절에 형성된 대상관계가 쉽게 반복될 수 있는 사람을 찾는 경향이 있고 그 사람과의 관계에서 대상관계를 반복하는 투사동일시를 경험하게 된다.

4) 대상관계 주요 이론

① Kohut의 자기 대상 이론

미국의 대상관계론자 코허트가 주장한 자기 대상(self-object)이란 상대가 내 수족처럼 움직일 것이라 믿는 대상이다. 이를테면, 아버지는 자기 아내와 자녀들을 자기 대상으로 여기며 자신의 말대로 따라 줄 것이라 믿는다. 흔히 유아에게 있어 자기 대상은 어머니이다. 유아는 어머니가 자기의 감정, 생각대로 움직여 주리라 믿고 투정을 부린다.

-거울 자기 대상(mirroring self object): 아이가 잘났음을 인정해 주고 채워 주는 대상으로 아이의 감정에 공감 잘해 주고 반영 잘해 주는 어머니 경험이 중요하다. 아이들은 자기애로 무장된 존재이기 때문에 건강한 발달을 위해서 먼저 채워질 필요가 있다. 아이의 자기애를 인정해 주는 과정을 거울 혹은 반사(mirroring)라고 하는데 반사를 거울처럼 잘해 주는 어머니의 경험은 아이가 자기 만족감을 갖도록 만들고 더 나아가 건강한 자존감, 자기 전능감을 발달시키도록 도와준다.

-이상적인 부모상(idealized parent image): 어려움 속에서도 흔들리지 않는 자기 대상, 어떤 문제도 해결하는 전능한 자기 대상, 절대적 신뢰를 줄 수 있는 자기 대상을 말한다. 즉 유아에게 있어 전능하고 완벽한 모습을 보여주는 어머니 경험이다. 공감적 어머니를 통해 자기 전능감이 형성되고, 이상적 어머니를 통해 부모 전능감을 경험할 경우 유아의 자아는 견고하고 통합된 자기(cohesive self)가 된다.

-병적 자기 대상: 이상적 부모상을 보여주지 못하는 부모 경험으로 아이의 자기 대상이 병적인 경우이다. 공감이나 반영을 해 주지 않는 어머니 경험을 할 경우 형성되며 병적 대

상의 반복은 병리적으로 약한 자아구조(defective and weakened self-structure)를 갖게 만든다. 자기애적 인격장애를 안고 있는 사람들은 상대방의 감정, 입장을 고려하지 않고 끊임없이 요구하고 뜻대로 되지 않으면 화를 낸다. 이런 식으로 평생 동안 상대를 괴롭히며 살아간다.

② Bowlby의 애착이론

애착의 중요성을 주장한 이론이다. 유아가 출생하여 최초로 맺는 관계의 대상이 어머니이고 이때 양육의 질이 훗날 인간관계의 질뿐만 아니라 다양한 심리적 증상의 근원으로 작용하기 때문이다. 안정형 유아기의 애착경험에 따라 크게 네 가지로 인간 유형을 구분한다.

－안정형: 안정적 심성을 소유하고 원만한 대인관계를 이루어 가는 사람으로 애착기에 양질의 부모 경험을 통해 형성된다. 부모가 유아를 공감적·반영적 그리고 이상적 부모를 경험할 수 있도록 해주어 이들의 자기 표상은 긍정적이며, 대상표상 또한 긍정적이다. 그리고 자기와 대상의 관계 또한 긍정적이고 자신에 대한 존중감, 가치감을 가지고 있으며 상대를 존중·배려할 수 있고, 신뢰를 주는 관계를 맺을 수 있다.

－지배형: 불안정 애착의 한 유형으로 성격적으로 매우 불안정하다. 이를 극복하고자 타인을 지배하거나 무시하고, 일방적 지배적 모습을 취하며 모든 것이 자기중심이고 상대를 믿지 않는다. 이들의 자기 표상은 긍정적이며 대상표상은 부정적이다. 또한 관계 형성은 지배적·일방적이다. 기본적으로 상대를 불신하고 믿지 못한다.

－몰입형: 불안정 애착의 한 유형으로 성격적으로 매우 불안정하여 이를 극복하고자 타인에게 지나치게 의존 및 몰입을 한다. 이들의 좋은 모습은 타인을 배려하고, 존중하는 모습을 취한다는 것이지만 이들의 진심은 이를 통해 그들의 인정을 받고 싶은 것이다. 이들의 자기 표상은 부정적이며, 대상표상은 긍정적이다. 또한 관계 형성은 의존적·몰입적이며 자신의 가치는 오직 상대의 인정을 통해서 이루어진다.

－회피형: 불안정 애착의 한 유형으로 회피성 애착이 형성된 사람이다. 기본적으로 자신을 믿지 못하고 남들에게 관심은 있지만 그들이 자신을 싫어할 것이라 생각하고 미리 회피한다. 이들의 자기 표상은 부정적이며, 대상표상도 부정적이다. 또한 관계 형성은 회피성을 기본으로 한다.

PART 02

뇌 발달(Brain Development)

뇌 발달(Brain Development)

Ⅰ. 뇌의 구조와 기능

인간의 신경계(nervous system)는 중추신경계(central nervous system)와 말초신경계(peripheral nervous system)로 나누며, 중추신경계는 뇌(brain)와 척수(spinal cord)로, 말초신경계는 뇌신경과 척수신경으로 나눈다<그림 4>.

중추신경계는 감각기관을 통해서 자신의 인체와 외부 환경의 상태에 대한 정보를 처리하고 근육을 움직이게 만들며, 심장박동, 호흡 등 생명 기능과 정서, 기억 등 고위 인지기능을 통제하고 조절한다.

뇌는 크게 대뇌(cerebrum), 소뇌(cerebellum), 뇌줄기(brain stem) 세 부분으로 나눌 수 있다<그림 5>.

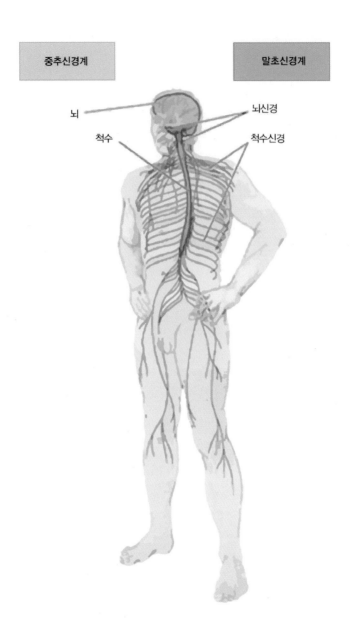

중추신경계

말초신경계

뇌

뇌신경

척수

척수신경

〈그림 4〉 인간의 신경계(Dale Purves et al. Neuroscience, Sinauer, 3rdedition)

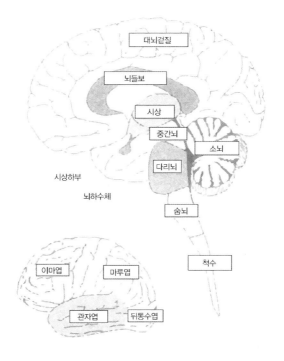

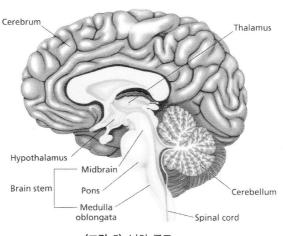

〈그림 5〉 뇌의 구조

대뇌의 바깥 표면은 마치 호두처럼 주름이 많이 잡혀 있는데 이 바깥 구조를 대뇌겉질(cerebral cortex)이라고 부르며, 대뇌겉질은 이마엽(frontal lobe), 마루엽(parietal lobe), 뒤통수엽(occipital lobe), 관자엽(temporal lobe), 그리고 뇌섬엽(insular lobe)으로 나눌 수 있다<그림 5>. 머리 앞쪽에 있는 이마엽은 대뇌겉질의 약 40%를 차지하며, 의사 결정, 운동계획, 판단 등 고차원적인 기능을 통합하며, 감정을 의식적으로 조절하는 역할을 한다. 머리 위쪽에 있는 마루엽은 얼굴, 손, 다리의 촉각과 통증, 고유감각(proprioception)을 받아들이고 분석하며, 다른 감각과 연합하여 감각통합을 하는 곳이다. 또한 시지각과 공간 지각과 같은 지각작용에 중요한 역할을 한다. 머리 뒤쪽에 위치한 뒤통수엽은 시각 중추가 있는 곳으로 시각정보를 처리하는 역할을 한다. 머리 양쪽 측면에 있는 관자엽은 청각 중추가 있는 곳으로 소리나 언어의 이해를 돕는 역할을 한다.

대뇌는 가장 바깥의 대뇌겉질과 안쪽에 위치한 바닥핵(basal ganglia), 시상(thalamus), 시상하부(hypothalamus), 변연계(limbic system)의 일부 등으로 구성되며, 좌·우반구로 나누어져 있고 좌·우반구는 뇌들보(corpus callosum)에 의해 연결되어 있다. 대뇌는 우리의 의식적인 생각(conscious thought)

과 의도적인 움직임(voluntary movement)을 조절한다. 대뇌겉질의 아래쪽에 위치한 바닥핵은 자세와 운동 조절에 중요한 역할을 하며, 시상은 다양한 감각정보가 대뇌겉질로 전달되는 관문 역할을 하고 뇌의 다양한 영역과 적절한 상호작용을 이루어 적절한 정보가 대뇌겉질로 전달되도록 한다. 시상 아래의 시상하부는 배고픔, 목마름, 수면, 성욕과 같은 인체의 기초적인 욕구를 조절하며, 혈압, 체온 유지와 호르몬 분비를 조절한다. 변연계의 대표적인 구조인 편도체(amygdala)와 해마(hippocampus)는 관자엽 속에 들어 있는 구조로 감정과 기억에 관여한다.

소뇌는 좌·우반구로 나뉘며 몸의 균형을 유지하고 눈의 움직임을 조정하여 머리가 움직여도 물체를 정확히 볼 수 있도록 하며, 의도한 움직임과 실제 움직임을 비교·교정하여 섬세한 운동이 가능하도록 한다.

뇌줄기는 작은 부위이지만 숨을 쉬게 하고, 심장을 뛰게 하고 소화를 도우며, 땀 배출을 조절하는 등 생존에 필요한 기능을 담당한다. 또한 신체의 감각을 대뇌나 소뇌로 전달하는 통로이며 대뇌, 소뇌의 운동명령을 신체에 전달하는 통로로도 역할을 한다. 뇌줄기는 중간뇌(midbrain), 다리뇌(pons), 숨뇌(medulla) 세 부분으로 나누어진다.

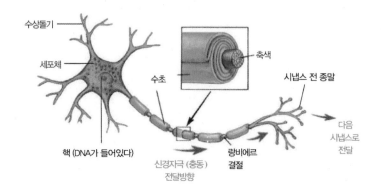

수상돌기

세포체

핵 (DNA가 들어있다)

수초

신경자극 (충동)
전달방향

축색

랑비에르
결절

시냅스 전 종말

다음
시냅스로
전달

〈그림 6〉 뉴런의 구조

인간의 몸은 세포로 구성되어 있으며, 뇌는 뇌와 우리 몸 사이의 메시지를 전달하는 특별한 구조의 신경세포인 뉴런(neuron)으로 구성되며, 뉴런은 정보를 받아들이는 가지돌기(dendrite), 정보를 처리하는 세포체(cell body) 그리고 정보를 전달하는 축삭(axon)으로 구성된다<그림 6>.

인간의 경우 약 1,000억 개의 뉴런을 갖고 있으며, 이 뉴런은 다른 뉴런과 수천 개에서 수만 개까지 서로 연결되어 광범위한 네트워크를 이룬다. 뉴런의 정보는 활동전위(action potential)라고 불리는 전기적 성질로 전달되며, 한 뉴런에서 다른 뉴런으로 정보가 전달되기 위해서 서로 네트워크 형태의 시냅스(synapse)를 이루고 있다. 이 시냅스 부위에서 신경전달물질(neurotransmitter)을 통해 다른 뉴런으로 정보가 전달된다. 즉 뉴런과 뉴런 사이에서는 전기적이고 화학적인 신호를 통해 정보를 전달하는 것이다. 또한, 뉴런은 축삭 주변에 특별한 형태의 절연체인 수초(myelin)를 가지고 있으며, 수초의 기능을 통해 정보 전달속도를 빠르게 할 수 있다.

뇌에는 뉴런 외에도 아교세포(glia cell)라고 불리는 다른 신경세포도 존재하는데, 직접 정보를 전달하는 역할은 하지 않지만, 뉴런들에게 구조적인 지지를 제공하고 물질대사를 도와 뉴런이 자기의 기능을 할 수 있는 환경을 제공하며, 이 가운데 희소돌기아교세포(oligodendrocyte)의 경우 수초 형성에 중요한 역할을 한다<그림 7>.

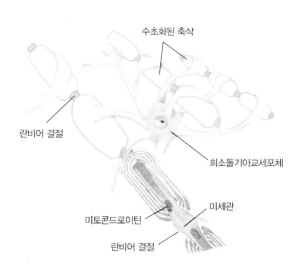

〈그림 7〉 희소돌기아교세포의 수초 형성

II. 뇌 발달의 개요

수정 5주가 되면 좌·우반구가 형성되고, 6주가 되면 뇌줄기, 소뇌, 시상, 바닥핵, 변연계, 대뇌겉질 등이 모습을 나타낸다. 9주가 되면 뇌는 기본적 형태를 갖추게 되고, 척수는 거의 완성되어 태아가 몸을 움직이는 것이 가능해진다. 24주가 되면 뇌줄기에서 호흡을 가능하게 하고, 대뇌겉질에 주요 고랑이 보이기 시작한다. 뇌의 주름은 임신 말기부터 첫돌에 이를 때까지 급격히 증가한다<그림 8>.

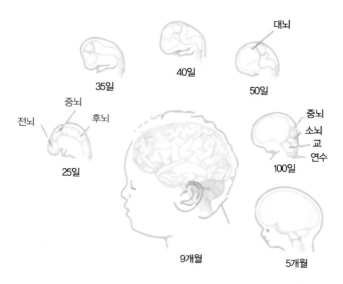

〈그림 8〉 자궁 안에서의 인간 뇌 발달: lakshmi Bangalore, Brain Development

뇌의 신경세포 생성(neurogenesis)은 대다수가 임신 4개월경 끝난다. 신경세포는 만들어지는 즉시 이동(migration)하여 신경세포 생성이 끝나가는 임신 중기가 되면 대부분의 신경세포들이 자기 자리를 잡게 된다. 이동한 신경세포는 다른 신경세포와 네트워크를 형성하기 위해 시냅스를 이루게 된다. 뇌 발달의 핵심은 시냅스 형성이라 할 수 있으며, 시냅스는 척수에서는 수정 후 5주, 뇌에서는 7주째 형성되기 시작한다. 시냅스 형성은 아주 천천히 진행되는데 대뇌겉질의 경우 생후 1년 내내 지속되며, 부위에 따라 사춘기까지 지속되는 경우도 있다. 시냅스의 형성은 약 2세경에 성인의 두 배에 이르는 과다한 시냅스가 대뇌겉질에서 형성된다. 이렇게 과도하거나 원하지 않거나 적절하지 않은 연결은 제거(elimination)되는 과정(pruning)을 갖게 되는데, 이때 환경의 요소가 중요한 역할을 하게 된다. 즉 가장 잘 적응하고 쓸모가 많은 시냅스는 살아남게 된다<그림 9>.

아이들이 보고 만지고 듣고 느끼고 생각하는 경험은 적절한 시냅스가 살아남도록 할 것이다. 다음 과정은 아교세포가 뉴런을 수초로 둘러싸는 수초화(myelination)인데, 수초화는 신경계 발달과 성숙의 지표가 되기도 한다. 척수의 수초화는 임신 5개월에 시작되며, 뇌는 임신 말기인 9~10개월에 시작

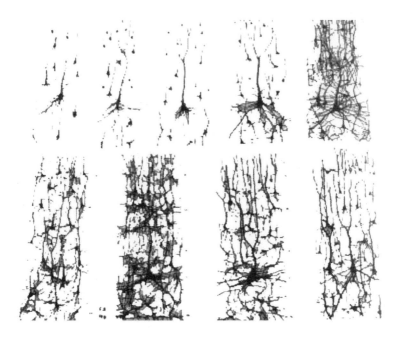

〈그림 9〉 과도한 시냅스 형성과 그 이후 정리과정에 남은 시냅스

된다. 대뇌겉질은 40주에 뒤쪽의 이마엽과 마루엽에서 수초화가 처음 나타나며, 그 이후 1세가 될 때까지 뒤통수엽, 앞이마엽(prefrontal lobe)과 관자엽의 순서로 수초화가 나타나게 된다. 수초화는 일생 동안 지속되는데, 출생 후 2년 동안 가장 빠르게 이루어진다. 시냅스의 형성과 수초화의 시작은 뇌가 고유의 역할을 하는 데 매우 중요하다.

신경계는 꼬리 쪽에서 머리 쪽으로 성숙이 진행된다. 태어날 때 척수와 뇌줄기는 성숙한 상태이고 수초화도 어느 정도

진행되어 있어, 신생아가 젖을 찾아 얼굴을 돌리고 손가락을 쥐고, 빨고 하는 등의 반사행동이 가능하게 된다. 소뇌는 출생 직후부터 성숙되기 시작한다. 시상, 바닥핵과 변연계 일부는 생후 1~2년에 걸쳐 성숙되며, 가장 느리게 성숙되는 곳은 대뇌겉질이다. 대뇌겉질은 뇌의 모든 부분 중에서 출생 시 가장 미숙한 존재이다. 뇌의 성장은 대부분 출생 첫해에 이루어지는데, 출생 시 약 400g 정도의 무게가 1세가 되면 약 1,000g 정도로 성장한다. 대뇌겉질은 뒤쪽에 위치한 감각영역(sensory area)이 앞쪽의 운동영역(motor are)보다 먼저 성숙되며, 고위 연합영역(association area)이 가장 늦게 성숙하여 청소년기가 되어도 여전히 시냅스의 형성과 정리, 수초화가 진행된다.

이러한 뇌 발달의 순서는 유전적으로 결정되지만, 뇌 발달의 질적인 면은 경험적 환경에 의해 영향을 받는다. 감각, 운동, 정서 등은 뇌 발달의 유전적 경로에 영향을 주어 뇌 신경망 구성에 작은 변화를 일으키게 된다. 따라서 뇌 발달의 중요한 요소인 뇌 신경망은 유전과 환경의 상호작용에 의해 형성된다고 할 수 있다. 뇌 신경망 형성의 변화 시기는 유아기에서 사춘기에 이를 정도로 비교적 폭이 넓지만, 대부분의 신경망에서 가장 중요한 시기는 태어나서 약 4세 정도로 알

려져 있다. 이 시기 동안 시냅스는 뇌의 모든 영역에서 형성
과 소실을 반복하게 된다. 이 기간 동안 아이들이 겪는 경험
을 통해 특정 회로의 유지와 제거가 결정된다.

1. 0~2세

0~2세의 영유아기는 뇌줄기와 소뇌의 활동이 중점적이며,
대뇌겉질은 발달을 시작하는 단계이다. 특히 생후 2년간은 겉
질의 뉴런 시냅스가 중점적으로 발달해 가는 시기이다. 생후
1년간 뉴런의 수는 감소하지만 시냅스와 수초화가 급속도로
형성되며 두뇌의 무게도 현저하게 증가한다. 이러한 시냅스
및 수초의 형성은 영아의 관심과 노력에 따라 결정되게 된다.

① 청각겉질

청각겉질은 생후 3~4개월 무렵 일어나 12개월경 절정을
이루며, 7~10세까지 계속 발달한다. 특히 생후 1년간 소리 변
별능력 및 의사소통 능력을 중점적으로 발달시킨다. 이 시기
에는 소음이 발달에 큰 피해를 주므로, 텔레비전 소리에 주
의해야 한다. 지나치게 큰 소리에 익숙해지면 사람과의 의사
소통에 장애가 발생할 수 있기 때문이다. 책을 읽어 주거나

음악을 들려주는 활동은 집중력 향상에도 도움이 되며, 이 시기에 책을 자주 읽어 준 아동은 후에 책읽기를 더욱 즐기게 된다(Healy et al. 1994).

② 시각겉질

생후 3~4개월 무렵 일어나 12개월까지도 발달을 계속한다.

③ 운동연합겉질(동작겉질)

생후 1년간 대부분의 자극은 동작을 통해 뇌를 자극하고, 이를 통해 동작겉질이 발달하게 된다. 동작겉질 중에서도 머리, 팔, 가슴을 조절하는 뉴런이 몸통과 다리를 조절하는 뉴런보다 먼저 발달한다. 이마엽은 동작겉질이 해당되는 대뇌겉질의 부분이다. 그 외에도 정서를 조절, 복잡한 행동의 계획 및 실행을 담당하며, 마루엽과 관자엽의 정보를 통합하는 등 다양한 영역에 관여한다. 그렇기 때문에 동작겉질, 특히 이마엽의 발달은 결과적으로 후의 지능발달에 영향을 미친다.

④ 양육방침

영아가 편안하게 자유로운 탐색을 할 수 있는 물리적·심리적 환경을 마련해 준다. 지나치게 학습을 강요하거나 특정

행위를 금지할 경우 영아가 자기실현 기회를 놓치고, 좌절감을 맛보고, 학습이 따분한 것으로 각인되며 또한 감각경험의 장애를 받아 뇌 발달에 지장이 올 가능성이 있다. 영재를 만들려는 의욕보다 따스한 관계 속에서 아이가 원하는 행동을 하도록 해 주는 것이 효과적이며, 탐색을 격려하여야 한다.

2. 2~4세

2세 이후 이마엽은 더욱 효과적으로 작용하게 되며, 비교적 발달이 이루어진 상태에 이르게 되나 성장이 완전히 멈춘 것은 아니다. 또한 이 시기에는 감정 및 애착을 형성하는 변연계가 발달하게 된다.

① 언어발달

이 시기의 유아는 언어가 주로 발달하므로, 사물과 사람의 기능적인 의미를 파악하고 범주에 명칭을 붙이는 활동과 함께 기능을 설명해 주는 활동이 중요하다. 이러한 활동은 사고 및 언어 발달을 촉진시켜 주며, 연합 기능이 있는 변연계의 발달을 촉진시킬 수 있다. 예를 들어, 단순히 "이것이 연필이야"보다는 "이것은 연필인데, 글씨를 쓸 때 사용한단다.

이 글씨는 지우개로 지울 수 있어! 오래 사용해서 연필이 닳으면 깎아서 다시 사용할 수 있단다"와 같은 구체적인 방식으로 접근한다.

또한 이 시기의 유아들을 살펴보면, 책을 반복적으로 읽어 달라고 하는 현상을 볼 수 있다. 이는 유아는 사물에 대한 경험이 부족하기 때문에 책에 나오는 내용을 완벽하게 익히기 위하여 이러한 행동을 원하는 것이다. 즉 영아의 두뇌는 스스로 발달을 원하고 있음을 알 수 있다.

② 변연계 – 정서지능(EQ)

이 시기의 유아는 변연계의 기능과 관련하여 활발하게 발달하며, 정서를 조절하고 적절하게 표현하는 능력을 배우게 된다. 그러므로 이때에 가장 많은 시간을 같이 보내는 부모 및 양육교사의 능력이 중요하다. 부모의 말보다 부모의 행동을 보고 배운다는 것을 명심해야 한다.

3. 4~6세

① 운동겉질

4~6세의 아동기는 운동기능을 담당하는 소뇌와 대뇌겉질

간의 연결 섬유의 수초화가 거의 완성되는 시기이다. 이러한 변화를 통해 동작을 통제하는 데에 크게 기여할 수 있어, 체계적인 동작을 이룰 수 있게 된다. 그와 함께 리듬, 동작 등을 담당하는 우반구의 발달이 동시에 이루어져 음악을 들으며 춤을 추거나 다른 사람의 행동을 보고 흉내 내기를 지도해 주는 것이 바람직하며, 아동들 또한 이러한 활동을 좋아한다.

② 언어겉질

4세 이후 언어의 운동능력을 담당하는 **Broca** 영역이 발달하면서 말을 정확하게 할 수 있게 된다. 이 시기 이후 부모와의 의사소통이 보다 의미 있게 된다. 이와 동시에 아동은 정서에 대한 대화를 나눌 수 있게 되고, 부모는 유아와 함께 대화를 하며 다른 사람의 느낌을 공유할 기회를 제공할 수 있게 된다. 이러한 활동은 아이의 사회성 발달에 영향을 끼칠 수 있다.

이 시기의 아동에게는 세부적인 사항을 지도하는 것보다 사물을 종합적으로 바라볼 기회를 제공하기 위해 한 가지 주제에 대해 깊은 대화를 나누는 것이 좋다.

③ 뇌들보

뇌들보는 양 반구를 연결하는 거대한 신경섬유 뭉치로, 양 반구가 서로 교류하게 하는 기능을 가지고 있다. 뇌들보의 수초화는 만 1세 이후 비교적 늦게 시작되고, 4~5세경에 상당히 이루어지게 된다. 이 무렵 두 개의 물체를 양손에 들고 비교하는 등, 양 반구의 정보 교류를 요구하는 과제에 능숙해진다.

④ 창의력

상상력이 풍부한 시기이기 때문에 폐품을 이용한 만들기 혹은 그림을 보고 생각나는 것을 말해 보게 하거나 어떤 이야기가 나올지 이야기해 보게 함으로써 창의성을 촉진할 수 있다.

4. 6~12세

① 시냅스의 가지치기

두뇌의 대사활동은 2세 무렵 절정에 이르나 아동기에 와서 대사가 느려진다. 이는 이용하지 않는 부분의 뉴런의 시냅스가 퇴화하기 때문이다(Chugani et al. 1998a). 이러한 과정을 통해 두뇌의 가소성 또한 감소하게 된다. 아동기에는 시냅스의 적절한 가지치기가 이루어지며 한 과제에 선택적으로 주의집중을 할 수 있는 능력이 생겨 적절하게 학습에 임할 수 있게 된다(Diamond&Hopson et al. 1999).

시냅스의 제거는 대뇌에서 가장 많이 이루어지고, 뇌줄기 등 기능이 고정된 영역에서는 변화가 비교적 적은 편이다(Chugani et al. 1998a, 1998b). 특히 겉질 부위에서 초당 약 33개의 시냅스가 제거되는데, 이러한 사실은 시냅스의 제거가 학습 및 흥미의 상태에 신속하게 반응하고 있음을 시사한다(Families and work institute, 1997).

② 인지적인 발달

두뇌의 기능, 인지기능 등이 변화하면서 의식적인 노력이 필요했던 것이 내면화되거나 자동화되게 된다. 즉 책임감과 독립성이 증가하고 사회적 교류에서 참을성 및 계획성이 자연스럽게 이루어지게 된다. 또한 변연계와 대뇌겉질의 상호 연결이 증가하면서 정서발달 또한 이루어지게 된다.

③ 공간 지각력

아동기에는 이마엽과 관자엽의 상호 연결이 증가하면서 공간 지각력이 상승해 수학 및 과학 등 새로운 학습이 가능해지고, 글씨 쓰기 등의 본격적인 한글 학습이 용이해진다.

④ 뇌들보

양 반구의 전문화는 9~12세에 본격적으로 나타나게 되고, 이 시기에 다양한 경험을 하면 뇌들보가 두꺼워지게 된다 (Hannaford et al, 1995). 양 반구의 전문화 및 연결을 통해 10~12세경에 추상적인 개념을 다루는 능력이 생기고, 형식적 사고가 가능하게 된다.

Ⅲ. 감각과 뇌 발달

감각은 신경계를 위한 영양분에 해당한다. 모든 근육, 관절, 신체기관, 피부 감각기관은 감각 입력을 뇌로 보낸다. 즉 모든 감각은 정보의 한 형태이다. 신경계는 이 정보를 이용하여 신체와 환경에 적응하는 반응을 만들어 낸다. 따라서 충분한 여러 종류의 감각이 없다면, 신경계는 충분히 발달할 수 없다. 감각에는 촉각·시각·청각·미각·후각 등과 같이 몸 밖의 정보를 받아들이는 감각과 고유감각(proprioception)·안뜰감각(vestibular sense)과 같이 자신의 신체에 대한 정보를

전달하는 감각이 있다. 고유감각은 내 몸의 위치와 자세에
대한 정보를 전달해 주며, 안뜰감각은 내 머리의 움직임과
중력에 대한 반응을 전달하는 감각이다. 이 가운데 촉각과
시각을 중심으로 알아보자.

1. 촉각과 뇌 발달

뇌에는 신체로부터 들어오는 몸감각을 받아들이는 일정한
영역이 있고 우리 인체의 각 부위에 따른 몸감각지도를 갖고
있다<그림 10>.

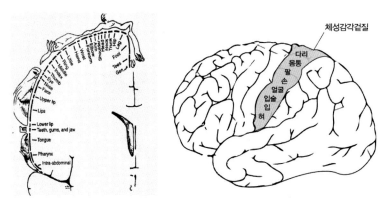

〈그림 10〉 대뇌에서의 몸감각지도

출생 시에 기본적으로 지니고 있는 몸감각지도는 개인의 경험과 기술에 의해 계속 변화될 수 있다. 뇌에서 영역을 많이 차지하기 위한 경쟁은 신체 각 부위가 얼마나 많은 경험을 하느냐에 영향을 받는 것이다.

촉각을 전달하는 신경회로도 척수, 시상, 뇌의 순서로 아래에서 위로 발달한다. 임신 20주가 되면 시상과 대뇌겉질 사이의 시냅스가 형성되기 시작하는데, 이 연결이 완료되어야 태아가 촉각을 인지하게 된다. 따라서 출생 시의 촉각은 불완전하다. 하지만 촉각은 자궁에서부터 발달하는 최초의 감각으로 시각계와 청각계가 막 발달을 시작할 때 이미 효과적으로 기능할 수 있다. 이러한 이유로 태어나자마자 겪는 촉각경험은 매우 중요하다. 생후 6개월이 되면 촉각을 인지하는 감각신경의 수초화가 어느 정도 이루어진다. 그리고 시상과 대뇌겉질의 연결은 출생 1개월에 시작해서 1세가 될 때까지 계속된다. 1세가 되면 출생 시보다 촉각에 대한 전달속도가 4배나 빨라지고 학령기가 되면 다시 속도가 줄어 출생 시보다 2배가 되어 어른과 비슷해진다. 이는 시냅스의 정리과정과도 관련되며, 정보 전달의 속도는 줄었으나 정교함은 높아지게 되는 것이다.

2. 시각과 뇌 발달

시신경은 경로가 두 가지로 나누어진다. 한 가지는 뇌줄기의 위둔덕(superior colliculus)으로 가서 안구의 움직임과 반사를 조절하고, 다른 한 가지는 시상의 시각영역을 거쳐 대뇌 뒤통수엽의 일차시각겉질(primary visual cortex)로 연결되어 의식적인 시각(conscious vision)을 형성하게 된다<그림 11>.

일차시각영역에 도달한 후 고위 시각중추인 시각연합영역(visual association area)으로 정보를 전달하게 되는데, 장소와 물체의 움직임에 대한 정보는 위쪽 마루엽으로 물체의 형태, 색깔에 대한 정보는 아래쪽 관자엽으로 전달된다<그림 12>.

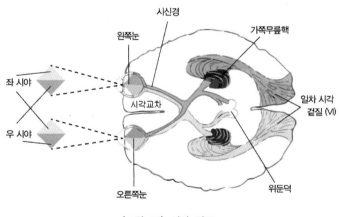

〈그림 11〉 시각 경로

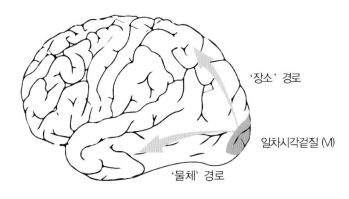

'장소' 경로

일차시각겉질 (VI)

'물체' 경로

〈그림 12〉 고위 시각중추 경로

　시각의 발달은 망막, 대뇌겉질 아래 영역, 일차시각 영역, 시각연합 영역 순서로 진행된다. 임신 4주에 눈이 만들어지기 시작하고, 임신 8주가 되면 시신경을 형성한다. 임신 14주가 되면 망막의 발달이 이루어지고, 임신 14주와 28주 사이에 일차시각 영역의 세포들이 모두 형성된다. 시각은 태어날 때 매우 원시적인 상태이다. 시각계는 약 40주경에 수초화를 시작하지만, 수초화가 빠르게 진행되어 출생 후 수개월이면 수초화가 거의 완성되면서, 시력은 수개월 안에 좋아진다. 위둔덕으로 가는 경로는 생후 2개월까지 아기의 시각을 담당하게 되지만, 그 후는 일차시각 영역의 시냅스 수가 2개월에서 8개월 사이에 폭발적으로 증가하여 시력이 급격히 발달하면서 일차시각 영역이 아기의 시각을 담당하게 된다. 이후 5세가 될 때까지 시력은 천천히 지속적으로 발달한다.

아기들은 모양보다 색을 더 잘 기억하는데 4개월이 되면 일차시각 영역에서 색상 정보를 취급하는 곳이 성숙되어 특징적인 색은 기억할 수 있게 된다. 1세가 되면 다양한 색깔로 빛나는 외부 세상을 볼 수 있게 된다.

양쪽 눈으로 들어오는 정보는 출생 후의 시각적 경험을 통해 정보 처리가 결정된다. '두눈보기'는 2~6개월에 두 눈에서 들어온 시각정보가 대뇌겉질에서 완전히 분리되면서 시작된다. 두눈보기가 시작되는 평균나이는 3~4개월 정도이다.

신경망 형성에 영향을 미치는 요소는 유전자에 의해 조절되는 것과 아기가 보는 것에 따라 형성되는 환경적인 것이 있다. 적절한 시기에 적절한 양의 시각적 경험을 하는 것이 시각 신경망의 발달에 필수적이다. 시각 신경망이 제대로 갖춰지기 위해서는 시각적 경험이 특정한 시기에 이루어져야 하는데 아마 시냅스 조정이 이루어지는 시기와 유사하며, 조정과정에 있는 시냅스는 시각적 경험에 의해 변화될 수 있을 것이다. 시냅스 조정기는 상당 기간 지속되므로 두 살이 될 때까지 시각능력은 얼마든지 변할 수 있으며, 8~9세까지도 변할 수 있는 가능성이 있다. 유전이 아기가 가진 시각을 결정할지라도 어려서 겪은 시각적 경험은 아이의 공간 감각, 눈과 손의 조화능력 등을 형성하는 데 중요한 역할을 한다.

아이들이 더 많이 보고 경험할수록 시각적 능력과 관계된 일을 더 잘 해낼 수 있을 것이다.

Ⅳ. 운동과 뇌 발달

운동 조절의 기본적인 과정은 대뇌겉질의 일차운동 영역(primary motor area)에서의 운동명령이 뇌줄기와 척수를 거쳐 말초신경, 근육으로 전달되게 된다. 이때 대뇌겉질에서 뇌줄기로 정보가 전달되기 전에 중요한 두 가지 경로를 거치게 되는데, 바닥핵과 소뇌가 시상을 통해서 대뇌와 회로를 이루어 정보를 교환하여 더 섬세하고 정확한 운동 조절을 하게 된다<그림 13>.

대뇌겉질 운동 영역은 일차운동 영역, 보조운동 영역(supplementary motor area), 운동앞 영역(premotor area) 세 부분으로 구성된다<그림 14>.

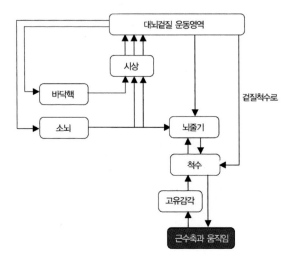

〈그림 13〉 수의적 운동경로

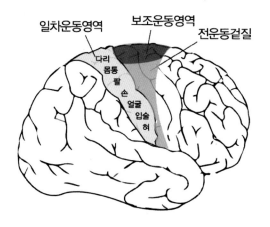

〈그림 14〉 대뇌의 운동 영역과 운동지도

일차운동 영역은 의도한 움직임을 직접 명령하는 곳이고,

보조운동 영역과 운동앞 영역은 운동을 계획하거나 복잡한

운동을 조화롭게 수행하도록 돕는 역할을 한다. 일차운동 영역에서의 운동명령은 겉질과 척수를 연결하는 겉질척수로(corticospinal tract)를 통해 척수로 전달되며 척수의 운동신경이 근육에 작용하게 된다.

운동신경계의 발달도 역시 아래에서 위로 진행된다. 척수, 뇌줄기, 대뇌겉질의 일차운동 영역, 고위운동 영역의 순서로 진행된다. 임신 중기에 척수 운동신경의 수초화가 시작되고, 임신 말기에는 뇌줄기 운동신경의 수초화가 시작되며, 출생 전후로 일차운동 영역의 수초화가 시작되어 약 2세까지 진행된다. 일차운동 영역에서 척수로 내려가는 겉질척수로는 늦게 발달하는 신경로인데, 겉질척수로는 머리, 목, 팔, 다리 순서로 시냅스가 형성되고 수초화된다. 3개월부터 발달이 시작되어 약 3세까지 진행된다. 운동 조절에 관여하는 소뇌와 바닥핵의 신경로들은 겉질척수로보다 수초화가 더 느리게 진행되며, 운동앞 영역과 보조운동 영역의 수초화는 더욱 느리다. 보조운동 영역과 운동앞 영역은 약 1세경 수초화가 시작되어 몇 년간 지속된다.

출생 시에는 척수와 뇌줄기가 아이의 움직임을 조절하다가 약 1세경에 대뇌가 운동을 조절하게 된다. 일차운동 영역에도 발달하는 순서가 있다. 운동영역 지도도 감각영역 지도와 마찬가지로 아래쪽에서부터 위쪽으로 지배하는 근육의

순서가 얼굴, 팔, 다리 순서로 이루어져 있는데<그림 14>, 운동
영역겉질의 발달은 아래쪽에서 위쪽으로 발달하기 때문에 결국
근육의 발달은 머리에서 시작해서 발끝으로 진행된다. 즉 목을
먼저 가누고 나서 손을 뻗어 잡을 수 있고, 그 후에 걷게 된다.

일단 유전 정보에 의해 운동신경망이 형성되면, 운동신경망
의 정리는 연습에 의해 영향을 받게 된다. 가장 효율적인 신경
로를 발달시키는 것은 연습에 의해서 결정되기 때문이다.

V. 감정/정서와 뇌 발달

인간의 감정은 변연계의 신경망에 의해 영향을 받는다. 대
뇌겉질과 겉질 하부의 경계에 위치한 아몬드 모양의 편도체
(amygdala)는 공포와 같은 감정에 반응하여 시상하부를 자극
시키며 호르몬 분비를 유도하여 '싸우거나 도망가거나(fight
or flight)' 반응을 가능하게 한다. 편도체는 대뇌겉질에서 정
보를 받을 수 있고, 감정적 변화를 대뇌겉질로 전달할 수도
있다. 편도체는 눈확이마이랑(orbitofrontal gyrus)과 앞띠이랑
(anterior cingulate gyrus)을 통해서 대뇌겉질 하부에서 발생한
감정 정보를 대뇌겉질로 전달하게 된다<그림 15>.

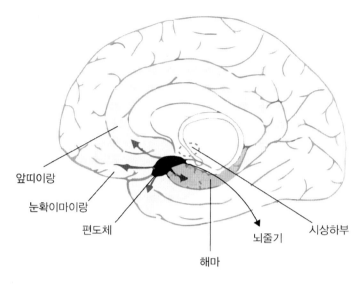

앞띠이랑

눈확이마이랑

편도체

해마

뇌줄기

시상하부

〈그림 15〉 변연계의 구조

　그 결과 편도체 이하의 하부 변연계는 감정의 신체적 표현을 담당하고, 변연계 겉질(limbic cortex)과 앞이마엽이 포함된 상부 변연계는 감정의 인식을 담당한다. 변연계 겉질은 이마엽, 마루엽, 관자엽 내부의 중심에 위치하고 있는데, 감정을 느끼고 조절하는 곳이다. 인간의 감정이 만들어지는 곳은 편도체이나 기쁨, 분노, 슬픔, 즐거움, 불안이나 평안함 등을 실제로 느끼는 곳은 대뇌겉질인 것이다. 대뇌겉질은 편도체를 조절하여 하부 변연계의 활동을 억제할 수 있으며 이를 통해 인간은 자신의 감정을 조절할 수 있게 된다.

변연계도 아래에서 위로 발달한다. 임신 말기가 되면 편도체가 형성되어 하부 변연계의 경로가 작동을 시작한다. 출생시에는 변연계를 조절하는 이마앞겉질(prefronal cortex)이 미숙한 상태이기 때문에 생후 6개월까지의 감정은 하부 변연계의 조절을 받는다. 약 1세가 되면 변연계 상부가 감정 조절에 개입하기 시작하면서 아이들도 어른들처럼 느끼게 된다. 2세가 되면 이마앞겉질에서 시냅스의 조정이 시작되며 사춘기가 될 때까지 조정이 계속된다. 이 긴 조정기간 동안 감정 조절이 발달하게 된다. 특히 변연계 신경망들의 수초화가 시작되는 4세 주변이 이마앞엽 신경세포들의 가지돌기와 수초가 가장 활발하게 발달한다.

변연계도 유전과 환경의 영향을 받는다. 인간의 기질은 주로 편도체에 의해서 정해지지만, 정서적인 생활은 고위 변연계와 이마엽에 의해 정해진다. 사회적·정서적 경험은 하부 변연계인 편도체의 변화에는 영향을 주지 못하지만 이마엽의 변화에는 영향을 주어 정서의 발달을 이끌 수 있게 된다.

Ⅵ. 청소년과 뇌 발달

뇌에서 뉴런이 모여 있는 곳을 회색질(gray matter)이라고 하고, 축삭이 수초화되어 있는 곳을 백색질(white matter)이라고 한다. 청소년기까지 백색질의 증가가 지속되는데 이는 축삭의 수초화가 계속 진행되고, 축삭의 직경이 커지게 되기 때문이다. 특히 운동과 관련된 겉질척수로와 언어와 관련된 좌측 이마관자로(frontotemporal pathway)에서 잘 나타난다. 그러나 회색질의 경우는 다르다. 과거 연구에서는 4세부터 20세까지 회색질이 서서히 감소하여 성인과 같은 수준에 이르게 된다고 생각하였다. 하지만 뇌자기공명영상(brain MRI)을 이용한 종적 연구(longitudinal study)에서 다른 결과를 보였다. 청소년 전기(preadolescent)까지는 회색질이 계속해서 증가를 보이다가 청소년 후기(postadolescent)에 감소하는 경향을 보였다. 이는 대뇌의 성장이 지속되지만 성인의 뇌 무게인 약 1,400g에 도달하는 12~15세가 되면 성장의 속도가 이전보다 훨씬 느려지게 되는 결과와 유사하다. 또, 대뇌겉질의 부위에 따른 특성도 연구되었는데 이마엽과 마루엽의 경우 회색질의 면적이 12세까지 증가하다가 감소하였고 측두엽은 16세까지, 뒤통수엽은 20세까지도 증가하였다<그림 16>.

이러한 증가는 시냅스의 과다 생산과 관련되었다고 생각
하며, 10대의 청소년기에서도 환경이나 활동이 시냅스의 정
리에 영향을 준다는 사실을 말해 주고 있다.

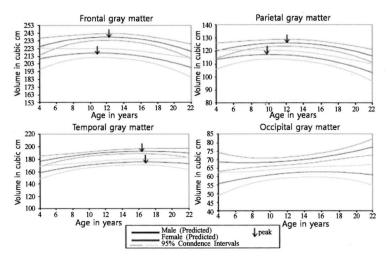

〈그림 16〉 4세 이후 회색질의 변화 양상

PART 03

뇌 발달과 미술치료

뇌 발달과 미술치료

Ⅰ. 발달단계에 따른 미술표현의 특징과 발달

아동미술의 전반적인 이해는 미술을 통한 아동의 바람직한 성장을 돕는 필수적인 작업으로서 큰 의미를 지닌다. 본 장에서는 발달단계별로 미술의 발달적 특성을 알아보고 아동의 표현 특성을 알아보고자 한다.

아동화의 표현은 어린이가 성장함에 따라 변화를 보여주기 때문에 많은 미술교육자나 심리학자들이 발달을 연구하여 단계화하고 있다. 1887년에 리치(Ricci)가 아동의 발달 특징을 기술한 것이 시초가 되어 1920년에 와서는 뷸러(Buhler)와 버트(Burt)와 일본의 아오끼 세이시로가 아동의 개인차와 정신 발달 연구에 공헌하여 어린이 그림 발달에 대한 단계적 구분이 현저하게 진보되었다. 그 후 1940년대에 리드(Reed)와 로웬펠드(Lowenfeld)에 가서 연령별 그림의 발달단계를 명백히 구분하였지만 아동의 그림을 하나의 훌륭한 아동화로서 발견한 것은 20세기 말에 들어서면서부터의 일이다. 특히 로웬펠드(Lowenfeld)는 그림 그리기와 아동의 발달단계를 연결시키고자 에릭슨(Erikson)의 발달단계 이론을 아동의 연필화에 적용시켜 발달과정을 제시하였다. 아동미술의 발달단계를 구분하는 일은 학자 간에 다소 차이가 있다. 여기서는 로웬펠드(Lowenfeld)의 이론을 중심으로 요약하여 이해를 돕고자 한다.

1. 로웬펠드(Lowenfeld)의 아동미술 발달단계

1) 난화기(The Scribbling Stage: 2~4세)

난화(Scribble)는 미분화 또는 유아들이 그린 착화의 상태를 말한다. 아무렇게나 그리기, 긁적거리기, 마구 그리기 등 표현도 쓰고 있으나 '낙서 형태의 즐겁게 그리는 놀이'의 성격으로 이해하는 것이 바람직하다.

심리학에서는 18개월 또는 2세쯤에 시작하는 이 난화는 기능적 쾌락이라고도 하며, 유아 초기의 근육운동 지각의 경험이기도 하다. 정신분석학에서는 난화를 무의식적인 표현으로서 부모의 관심을 끌려는 욕구가 심층에 작용한다고 보고 있다. 이는 언어와 복합된 이미지가 실마리가 되어 표현활동의 세계로 전개되는 것으로 보고 있다. 이 같은 유희본능은 성장함에 따라 창작표현의 메커니즘으로 이행하여 예술성이나 인격형성으로 이어지는 승화, 투사, 상징화, 카타르시스, 퇴행, 도피 등 작용에 의해 마침내 완전에로 향할 수 있는 기초를 이룬다고 본다. 따라서 난화는 미술치료에 많이 활용되고 있는 그림형태의 하나이다. 난화 이야기 만들기 기법이나 난화에 의한 심리진단 등도 이러한 이론을 바탕으로 하고 있다.

난화의 발달단계를 보면, 그 첫 단계가 **마구 그리는 난화기**(disordered scribbling)이다. 대개 1세가 되면 나타나서 2세에서 2세반까지 지속되며 이 시기에는 긁적거리기에 대한 시각적 통제를 거의 못 한다. 이 시기에는 유아들에게 (절대로 요구하지 말아야 하며) 형태를 요구하는 것은 발달단계를 이해하지 못한 것이며 유아발달에 해를 줄 수 있다. 이 단계에서는 종이가 아니더라도 담벼락, 유리창, 방바닥 등에 닥치는 대로 그린다.

둘째 단계는 **조절된 난화기**(controlled scribbling)이다. 무질서한 긁적거리기를 시작한 지 약 6개월 정도가 지나면 유아는 자기의 손이나 팔의 움직임과 종이 위에 흔적을 깨달기 시작한다. 이것은 그림 자체는 차이가 없지만 손목이 유연해지고 자신의 동작에 대한 통제를 발견한 것이므로 매우 중요한 단계이다.

유아가 손과 눈과 눈의 협응을 깨닫기 시작하면서 움직임을 다양하게 시도하다가 3세가 되면 원(둥근 선)을 그리지만 사각형은 못 그린다. 긁적거리기가 정교화되지만 아직까지는 그런 것과 나타내고자 하는 시각적 표상에는 관계가 별로 없다. 이 시기에 유아는 자신의 동작과 종이 위에 나타나는 어떤 표현 사이의 관계를 발견하게 된다. 그러므로 이 단계는 자신이 시각적으로 통제하는 단계이다. 선들은 수평, 수직, 원 등을 반복해서 그릴 수 있게 된다<그림 17>.

셋째 단계는 **이름 붙이는 난화기**(naming scribbling)이다. 유아가 3세, 3세 반, 4세가 되면 "이건 엄마", "이건 친구" 하면서 이름을 붙이는 단계가 된다. 이 단계는 유아의 사고가 변한 것이기 때문에 매우 중요한 의미를 갖는다. scribbling을 자신의 주변세계와 연결시키게 되므로 근육운동적 사고에서 추상적 상징적인 사고를 바꾸게 된다. 이 새로운 사고를 한 것에 대해서 자신감과 격려를 해 주는 것이 필요하다. 난화기에 성인들의 강요가 이루어지면 아동의 발달을 저해하므로 난화를 자유롭게 하도록 격려해야 한다. 또한 이 시기에 색채

지도는 자신의 표현과 도화지를 구별할 줄 알게 하는 것이 중요하므로 강한 대비의 조합(예: 흰 종이에 검은색 크레파스 등)이 필요하다. 그러나 색채보다는 선과 형태를 창조할 수 있는 기회가 더 중요하며, 근육운동과의 협응능력을 발달시키고 환경과 그림이 관계를 맺도록 지도하는 것이 좋다.

이 시기에 사용되는 미술매체는 아동의 욕구에 적합한 것이어야 한다. 크레용이나 찰흙, 분필, 펠트펜, 포스터물감, 콜라주, 핑거페인팅, 종이공작을 위한 색종이 등은 좋은 재료들이다. 이러한 재료들을 이용하여 선이나 원 그리기(2세),

〈그림 17〉 난화기 표현

색칠하기(3세), 찰흙으로 모양 만들기(2~3세), 탈 것이나 집 만들기(5세), 종이 붙이기(3세), 종이 접기(4세) 등의 미술활동을 함으로써 아동의 바람직한 성장을 도울 수 있다.

2) 전도식기(The Preschematic Stage: 4~7세)

난화기의 마지막 단계를 벗어나면서 지금까지와는 다른 의식적인 형태의 표현양식을 창조해 나간다. 손으로 원을 그리거나 하는 행위를 통해서 자신이 의식하는 사실을 자신감을 가지고 표현하며 동시에 거기에 상징화된 내용을 부모나 주위의 사람들에게 제시하는 것 같은 자세를 보인다. 즉 사실적 표현이 난화기에 사용했던 상징으로부터 시작되며, 그 첫 상징은 '사람'으로 표현된다. 이 시기에 아동의 그림에서는 사람이 중요하다고 볼 수 있는데, 이는 아동발달단계의 특징일 수도 있다. 보통 4세쯤 되면 확실한 형태를 알아보기는 어려워도 형태가 나타나며, 5세 때에는 사람, 집, 나무 같은 확실한 형태가 나타나고 6세 때에는 주제에 따라 확실한 윤곽을 가진 그림을 그린다. 욕구에 따라 원과 수평선, 수직선을 사용하는데 전도식기에는 주로 사람의 형태를 나타낸다.

특히 머리−다리 표현은 아동화와 외부세계에서 가장 중

요한 부분과의 관계를 설정하는 첫 단계이다. 이를 통해서 아동은 새로운 개념을 형성하게 되며, 다양한 형태의 표현과 개인적인 독특한 표현양식이나 도식을 형성하게 된다. 전도식기는 자아와 타아가 혼합되고 있는 자기중심적 단계로서 아동화 발달의 전환기라고 할 수 있다. 특히 4세경이 되면 아동의 정서상태가 크게 변화되어 표현활동도 달라진다. 예컨대, 정서적 긴장과 갈등의 표현에서 자기 통제가 되는 선과 형태의 표현으로 흥미를 바꾸게 된다. 소박한 인물화(머리에서 직접 발이 나오고, 어머니를 표현하려는 원 속에 작은 동그라미를 그리고, 손과 발을 두 개의 선으로 표현하는 등)의 표현에서 출발하여 상징적 형태의 표현을 통해서 개념이 발달되어 간다.

또한 이 시기에 논의하지 않을 수 없는 것은 아동의 작품에서 볼 수 있는 공간표현이다. 아동들은 자신의 그림 속에 물체들을 적절히 배치함으로써 공간인식을 하고 있음을 입증하고 있다. 따라서 그림의 구도를 통해서 아동의 인지발달 정도와 정서적 측면의 상태를 진단할 수 있는 것이다. 이 시기의 아동은 공간적 표현에서 질서가 부족하고 정의적 내용이 흐르고 있으며, 색채도 같은 경향으로서 실제 사물과의 관계는 잘 나타나지 않는다. 색채는 대상과 색의 관계보다

단지 대상을 선의 관계가 중요하며 선을 그리는 도구로 인식
되므로 그리는 도구를 써 형태의 차이를 인식하는 것이 중심
이 되는 시기이다. 아동은 색채 즉 색의 사용 그 자체를 즐긴다.

전도기식 아동미술의 특성을 요약하면 다음과 같다.
- 표현의욕은 왕성해지나 정서가 불안정하고 표현도 목적
  이 없으며 표현하는 그 자체에 즐거움을 갖는다. 대상과
  그린 것과의 관계 차이를 찾아내는 시기이다.
- 자신이 경험한 세계와 생각을 주저 없이 나타내는 창조적
  성장의 시기이며, 객관성이 없고 자기중심적이고 개인차
  가 크다.
- 자기가 본 대상을 사실적으로 묘사하는 것이 아니라 지
  각한 대로 묘사한다.
- 좋고 싫은 것을 알고 있으나 친구들의 작품에 대해 비판
  적·비교적 검토는 하지 못한다.
- 흥미의 중심이 이동하기 쉽고 지속성이 없다.
- 색채는 자기가 좋아하는 대로 사용할 뿐이고 선명한 색에
  관심이 크며 장식적이고 객관적인 사실을 표현하는 것이
  아니다.
- 공간 개념이 덜 발달하여 자기를 중심으로 사물을 배치

하며 회전하는 모양으로 그린다.

- 대상에 대한 감정이나 이미지를 상징적으로 묘사하며, 자기중심적이고 동화적인 꿈이 많이 담긴다.
- 주로 사람을 그리며, 원은 머리를, 선은 다리를 나타낸다.
- 5~6세로서 인간의 형체 표현은 제법 정확하나 유치한 상징도식으로 나타난다. 용모는 극히 개념적인 위치로 정해지나 각기 부분적 절취식 표현이 되며, 같은 아이는 똑같은 형으로 오랫동안 지속적으로 표현한다.

전도식기에는 아동에게 동기부여가 중요하며, 이러한 것은 아동의 경험과 결부시켜 지도하는 것이 좋다. 특히, 자신의 신체 개념을 먼저 인식시킨 후 자신에게 직접 관련된 주제를 표현케 한다. 예컨대, 나와 나의 가족, 나는 꽃을 꺾고 있다 등의 주제가 좋다. 이때 사용하는 재료는 너무 많은 것을 한 꺼번에 경험시키는 것이 좋지 않다. 흡습력이 있는 종이나 거친 털이 있는 붓, 농도가 진한 템페라 물감들은 이 시기의 자유로운 표현매체로서 훌륭하다. 크레용과 찰흙 또한 입체 재료로서 좋으며 색연필, 콜라주 재료, 색종이 등도 기본적인 재료 다음으로 많이 사용된다.

〈그림 18〉 전도식기 표현

3) 도식기(The Schematic Stage: 7~9세)

　도식기는 사물의 개념을 습득하는 시기이다. 여기서 의미하는 도식(schema)은 의도적인 경험으로 변화시키지 못할 정도로 계속 반복해서 이루어진 아동의 개념이라고 할 수 있다. 이 시기에 아동은 사물에 대한 감각이 지식을 이루게 되고, 이러한 경험이 여러 번 얻어져서 하나의 개념으로 형성된다. 그것이 그림에서 도식적·상징적으로 표현되는 것이다. 즉 나무는 둥치가 있고 거기서 줄기가 나고 그 끝에 잎이 붙어 있는 것으로 '개념화'하여 표현한다. 그리고 사과는 빨갛고, 하늘은 주관적이 아닌 사물과 관련된 색으로 푸르게 나타난다. 공간 개념이 형성되기 시작한다. 그래서 기지선이 등장했다가, 이 시기 끝 무렵에는 사라진다.

인물도식(human schema)이란 아동의 인물 개념으로서 매우 개별화된 형태의 상징으로 이루어진다. 또한 아동의 심리적 성장을 반영하는 개별화된 개념을 아동의 생각과 느낌까지 주변세계를 지각한 바가 그대로 인물도식에 투사된다. 따라서 가족그림은 상담자에게 유익한 단서가 된다. 어떤 신체 부위나 사물을 지나치게 크게 그리거나 생략하는 등 비논리적이고 비현실적인 그림을 그릴 수도 있다.

공간도식(space schema)은 전도식기와는 달리 기저선(base line)의 형태로 표현되며 자신을 환경의 부분으로 이해하는 최초의 의식적인 인식이다. 그러나 도식의 이탈도 그 특성의 하나로, 아동화에서 중요한 부분의 과장, 무시와 생략, 상징들의 변화 등은 이탈의 한 예이다. 아동화에서 나타나는 명확한 도식을 통해 발달에 대해 보다 잘 이해할 수 있다. 도식의 발달과 함께 자기중심적 태도에서 보다 상호 협조적인 태도로 변하며, 도식에서 기저선의 출현은 아동을 이해하는 데 중요한 의미를 갖는다.

기저선에 대하여 흔히 아동들은 땅과 기저선을 동일시하며, 기저선과 대응으로서 하늘선(sky line)을 표현한다. 풍경화를 그릴 때도 사물이 서 있는 바닥을 상징화하거나 풍경의 표면을 특징화할 때 사용하기도 한다. 또한 아동들은 그림 속에서 공간을 표현하는 가장 일반적인 수단으로 기저선을 사용하는 경우가 많으나 때로는 주관적인 공간표현(보기: 전개도식 표현)을 하기도 하고, 가끔 기저선을 그리지 않은 경우도 있다. 그것은 정서적인 경험이 너무 강하면 땅 위에 서 있다는 느낌에 압도당하는 경우가 있기 때문이다.

공간표현의 방법적 측면에서 또 하나의 독특한 특성은 시공간의 동시표현(space and line representation)이다. 이것은 서로 다른 시간의 연속이나 공간적으로 뚜렷한 인상을 하나의 그림에 표현하는 것을 말한다. 시공간 동시표현의 둘째 방법은 표현과의 정서적 유대관계와 그리는 활동 자체에서 비롯된다. 다양한 시간 속에서 발생한 것을 하나의 그림 공간 안에 표현하는 뚜렷한 활동을 볼 수 있다. 이것은 어떤 것을 전달하려는 욕구에서 발생하는 것뿐만 아니라 활동 그 자체의 중요성에서 발생한다.

이 시기의 또 다른 표현특성에는 투시법(X-ray)에 의한 비시각적인 표현방법을 들 수 있다. X-ray식 표현은 아동이 외부보다 내부가 더 중요할 때 표현하는 것으로서 물체의 내부와 외부에 동시에 나타난다.

색채는 아동이 이제 대상과 색채가 상호 관계가 있음을 알게 됨으로써 같은 대상에 같은 색을 반복해서 채색한다. 즉 자신을 둘러싼 것과의 구체적인 관계를 설정하게 된다. 아동의 색채도식은 시각적 또는 정서적인 색채 개념에서 비롯된다. 그래서 자기 나름대로의 색채관계를 발전시키고 있음을 알아야 한다.

도식기의 아동화에서는 디자인(조형)적인 특성을 발견할 수 있다. 그래서 이 시기에 의식적인 접근을 하거나 디자인의 기초를 가르치는 것은 창의력을 저해할 수도 있다. 아동의 이러한 조형감각은 어쩌면 선천적인 욕구라고 할 수 있다.

도식기의 미술매체 가운데 찰흙에 대한 것을 보면, 찰흙은 가소성 때문에 개념발달을 시키는 아동에게 적합한 재료로 평가되고 있다. 찰흙의 입체적이고 가소성인 기능 때문에 그 제작과정은 계속적인 변화를 가능케 한다. 예컨대, 위치와 형태에서 덧붙이거나 떼어 내거나 변화시킬 수 있다. 찰흙으로 표현하는 방법에는 두 가지를 관찰할 수 있다. 그 하나는 '전체로부터 세부로 표현해 들어가는 분석적 방법'이고, 다른 하나는 '하나하나의 개별적인 표현 상징들을 전체로 결합해 나가는 종합적인 방법'이다. 이는 아동의 사고방법의 차이에서 오는 것이라고 할 수 있으므로 이 시점에서 중요한 것은 아동의 표현양식을 변화시키지 않는 것이 바람직하다는 것이다.

도식기에 있어서 미술매체에 대한 몇 가지 고려할 점을 살펴보면, 우선 포스터물감이나 템페라 물감의 질감과 농도는 이 시기의 아동들이 형태나 공간, 색채의 개념을 발견하고 반복을 통해서 자신의 도식을 개발시키는 데 좋은 재료이다. 크레용이나 색분필도 좋은 재료이며, 도식기에 꼭 수채화 물감을 경험시킬 필요는 없다. 수채화 물감은 전형적인 도식을 그리거나 반복하는 데 적합하지 못하며 수채물감의 우연한 결과는 좌절감을 유발할 수 있다.

또한, 이 시기의 종이 크기는 좀 더 큰 것을 사용할 수 있으며, 큰 종이는 작은 종이보다 더 많은 자유를 행사할 수 있는 이점이 있다.

도식기 아동화 특성을 요약하면 다음과 같다.

- 그림에 대한 도식이 생기는 시기이다.
- 중요한 부분은 확대 과장하여 그리고, 중요하지 않은 부분은 무시하거나 축소한다.
- 공간 개념이 생겨서 기저선(base line)으로 땅과 하늘을 설정한다.
- 시간과 공간을 함께 의식하지 못해 한 종이에 서로 다른 시공간을 나타내며, 내부와 외부의 것을 동시에 표현하

는 X-ray기법이 나타난다.

- 색에 대한 도식이 생겨나서 느낌과 주관만으로 사물의 색을 선택하지 않는다.
- 인물이나 사물을 반복해서 표현한다.
- 정의적으로 의미 깊은 부분의 형태는 변화되어 간다.

〈그림 19〉 도식기 표현

4) 또래집단기(the gang age: 9~11세)

이 시기는 자신에 대한 자각의 시기이다. 많은 친구를 갖게 되고 외계를 인식하기 시작하면서, 좀 더 도식적 표현이 사라지고 자기 일방적이고 주관적인 판단이 보류된다. 이 기간 동안 도식적 표현과 사실적 표현이 엇갈려 동시에 나타나는 게 보통이다. 이 시기의 아동은 자신이 이제 또래집단이라는 동료사회의 한 구성원임을 알게 된다. 동성끼리 만나는 등 사회적 독립심을 나타내는 시기로서 부모와의 마찰도 자주 일어난다.

또래집단기의 아동들은 환경에 대한 인식과 감수성이 크게 발달하기 시작한다. 즉 자기의식이 확대되고 그에 따라 기하학적인 선에 의한 도식적 표현에서 이행되어 차츰 사실적 표현의 경향이 나타나기 시작한다. 밀라드(Millard)의 분류법에서는 이 시기를 사실의 여명기(inceptive realism)로 설명하고 있다. 인물화에서는 딱딱하지만 의복의 강조가 보이고 남녀의 차이가 확실히 표현된다. 공간적 표현에 있어서도 자기중심적인 나열적 구성의 단조로움에서 탈피하여 중복적 표현이 나타난다.

또래집단기는 자아 인식이 확대되며, 사실적이고 객관적인 미술표현으로 이행된다. 하나의 기저선 개념에서 벗어나 위에서 볼 줄도 알게 되는 변화과정이 빠르게 이루어진다. 즉 아동들은 기저선 사이를 메우면서 공간을 알게 되는 것이다. 따라서 대상의 중첩표현(사물과 사물을 겹쳐 표현하는 것)이 나타나는 것이다. 표현양식에서도 점차 시각적 인식이 발달하면서 정서를 표현하는데 더 이상 과장이나 생략, 이탈 등을 사용하지 않게 된다. 즉 어떤 것을 표현하기 위해서 다른 표현방법을 모색하기 시작한다. 또한 색채 면에서 도식적인 색채와 대상관계에서 벗어나 특징적인 색채를 사용하여 표현하기 시작한다. 어떤 아동들은 하늘의 파란색과 강의 파란색은 다르며, 나무의 초록색과 풀잎의 초록색이 서로 다르다는 것은 알게 된다.

우리가 고민하는 것은 어떤 방법으로 색채에 대한 인식이 높아지도록 할 수 있을 것인가 하는 문제이다. 색에 대한 논의는 역시 아동의 경험에 근거를 두는 것이 바람직하며 각 그림에서의 적절한 색의 사용에 초점을 두는 것은 무리이다. 아동 스스로가 색채에 대해 반응하게 하고 그것을 위한 경험을 확대해 주는 것이 바람직한 방법이다.

이 시기의 아동들은 이제 기하학적인 선과 기저선 사용을 탈피하고 사실적인 묘사를 위해 선을 사용하는 데까지 발달되어 간다. 물감도 잘 사용할 수 있게 되어 농도를 조절하기도 하며, 크레용의 옆면을 사용하기도 한다. 이 단계 동안에 아동은 세부적인 면에 더욱 관심을 가져 거친 붓과 가는 붓을 함께 사용한다. 아동의 욕구에 부합하는 재료를 선택하도록 하는 것이 가장 좋으며 재료 자체의 성질상 제한적이거나 방해가 되는 것을 배제해야 한다. 특히 색종이는 찰흙과 더

불어 이 시기에 가장 좋은 기본적 재료이다. 협동작업을 가능하게 하는 재료로서 색종이는 훌륭하며, 다양한 입체표현을 위해서 찰흙은 이 시기에도 좋은 매체이다.

또래집단기의 미술지도는 매우 중요한 시기로서 그 특성을 요약하면 다음과 같다.

- 도식적인 표현에서 탈피하여 객관적이고 사실적인 묘사로 접근하는 시기이다.
- 자기중심에서 타인 의식으로, 주관적 표현에서 객관적 표현으로, 상징적 표현에서 사실적 표현으로, 도식적 표현에서 다양한 표현으로 이전하는 시기이다.
- 사회적인 독립성이 나타난다.
- 집단 속에서 활동과 공동작업에 대한 활발한 의욕이 보인다.
- 이성의 식별이 나타난다.
- 친구와 접촉하는 개인으로서 자신에 관하여 지각한다.
- 시각과 지각의 발달로 객관적으로 사물을 관찰하며 주위환경에 관심을 가진다.
- 언어적 개념적 좌뇌의 상징적 표현지시를 극복하고 우뇌적으로 사실을 새로이 보는 훈련이 필요하다.
- 실패 시, 그림을 그리는 데 대담성과 자신감이 점차 사라지는 경향이 있다.

〈그림 20〉 또래집단기 표현

5) 의사실기(The Pseudo‑Naturalistic Stage: 11~13세)

 피아제 이론에 따르면 이 시기 끝에 이르면 인지구조가 거
의 성숙하여 성인이 말하는 단어와 문장 구성능력을 가지게
되므로 성인처럼 행동하려 하고 유심히 관찰한다고 한다. 또
한 이 시기는 논리의 시기로서 아동은 지성에 눈을 뜨고 넓
은 세계와 미래에 관심을 확대해 나가며, 표현과정보다 완성
된 작품에 대한 중요도가 높아진다. 이 시기가 청소년기에
접근하는 준비단계임을 감안해 본다면, 어린이도 아니고 성

인도 아닌 심리특성을 이해하고 자연스럽게 성인이 기대하는 표현으로 이행하도록 도와주는 것이 중요하다. 이 시기의 청소년은 감정상의 은밀함과 미묘한 갈등을 간직하고 털어 내 놓지 못해 불안·우울해지기도 한다.

또래집단기에서 의사실기로 들어서면서 시각적인 자극에 반응하는 아동과 비시각적(촉각적)인 정서적 경험에 기울어지는 아동이 나타난다. 즉 아동은 시각적 자극을 더 선호하는 아동과 주관적 경험에 대한 해석에 보다 관심을 가지는 아동으로 분류된다. 시각적 경험은 우리의 시각적 감각과 관련된 것으로서 공간의 원근법적 해석은 물론 대기의 조건에 따라 달라지는 색과 명암의 차이에 관련되어 있다. 또한 그 자신과 관련된 외부세계에 대한 정서적 유대관계를 강조하는 것을 말한다. 시각형은 주로 자신의 그림에 환경을 관련시키며 비시각형은 표현주의자들과 비슷한 성격의 표현을 보인다.

시각형은 외부에서 자신들의 작품을 바라보는 관람자로서 스스로를 느끼며 인상주의자에 더 가깝다.

인물 표현에 있어서도 사춘기를 전후한 신체의 변화와 함께 성적 특성들을 과장하여 표현하기도 한다. 시각형은 인물화를 그릴 때 좀 더 사실적으로 표현하며 점차 빛의 변화에도 민감해지며 전체와 그것이 변화하는 효과에 관심을 갖는 반면에 비시각형은 정서적으로 흥미 있는 세부에 보다 관심을 갖는다.

전술한 표현유형의 차이로 인해서 아동의 공간 개념의 발달도 두 유형으로 나누어질 수 있다. 시각적 경험을 선호하는 아동은 대상을 작게 그리며, 이것은 지평선의 의미와 밀접하게 관련되어 있다. 원근에 의한 인식과 함께 시각형은 3차원적인 특징을 가진 공간에 관심을 갖게 된다는 것이다. 또한 사물에 변화하는 효과인 명암도 이 유형의 그림에 나타나기 시작한다.

비지시적 경험을 선호하는 아동은 기저선을 다시 등장시켜 표시하게 되는데, 이때의 기저선은 무의식적인 유치한 개념의 것이 아니라 보다 높은 수준의 비시각적인 의식을 나타낸다고 할 수 있다. 새로운 기저선의 표현은 공간표현의 3차원적인 경향이 시각적 지각의 영역에 있는 것처럼 이런 비시각적 표현영역에도 존재하며, 보다 의식적인 비시각적 미술표현의 대표적인 것이라고 볼 수 있다.

이 시기에 있어서 색채도 인물이나 공간표현 등과 함께 변화를 겪게 된다. 시각형은 주로 색이 변하는 효과에 따라 색을 선택하는 경향이 있다. 예컨대, 빨강은 흐린 날과 맑은 날에 아주 다르게 보이는데 이것이 곧 외부의 다양한 상황에서의 색에 대한 지각이다. 이처럼 자신의 시각적 인상들에 색채를 적용시키는 시각형 아동과는 반대로 비시각형 아동은 색에 대한 자신의 정서적인 반응에 크게 의존한다. 따라서 색채가 매우 주관적이라 할 수 있다.

이 시기의 아동은 디자인에 있어서도 관심을 갖기 시작하여 시각형은 색채도식, 리듬, 균형을 통한 느낌에 의해 표현되는 미적 기능에 접근한다. 반면에 비시각형은 점차 재료로 직접 작업하고 그 재료를 기능적으로 사용하고 정서적인 추상에 보다 큰 관심을 보여 준다.

소조는 의사실기에 중요한 의미를 가진다. 입체표현에서 소조와 조각은 차이가 있다. 로웬펠드는 전자를 아동의 무의식적인 자발적 입체표현으로, 후자를 청소년기 이후의 의도적이고 의식적인 입체표현으로 구분하고 있다. 시각형은 형태와 모양의 변화에 신경을 쓰며, 전체에서 세부로 표현해 들어가는 분석적인 방법을 구사하는 것으로 볼 수 있다. 비시각형은 부분을 만들어서 결합하는 종합적인 방법을 주로 사용하며, 정서적으로 의미 있는 세부와 관련되어 있다.

의사실기의 제작기법은 욕구와 관련하여 중요하며, 재료나 기법에 있어서도 벽화, 도자기제작, 목탄, 석고 등 다양해진다.

시각형과 비시각형(촉각형)의 표현유형을 요약해 보면 다음과 같다.

시각형(visual type)	비시각형(haptic type)
-외적·시각적 대상의 표현(인상파)	-시각 이외의 신체적 경험으로 표현(표현파)
-피상적·묘사적·지적	-내면적·감각적·자아표현적
(부분집합적 표현, 외면적·객관적)	(내면투사적·정적)

〈그림 21〉 의사실기 　　　　　　〈그림 22〉 의사실기 표현(비시각형)
　　　표현(시각형)

- 논리적 사고가 증대되고, 모든 묘사에 운동감이 많아지고
  3차원적 표현이 가능하다.
- 자기가 본 것을 그대로 그리는 시각형과 느낌과 감정을
  그리는 비시각형으로 나뉜다.
- 그림이 잘 되는 아동과 안 되는 아동이 확연히 갈라진다.

6) 결정기(The Period of Decision: 청년기)

이 시기는 신체적·정신적으로 새로운 상황에 적응해 나

가야 할 복잡한 위기를 형성하는 단계로서 인간발달에 있어서 중요하게 인식되고 있다. 청소년기에 접어들면서 아동은 점차 상징세계에 대한 강한 주관적인 관계를 상실하게 된다는 사실을 분명하게 인식한다. 자신의 신체에 대한 자각이 발달하면서 자신에 대해 보다 비판적으로 인식하게 된다. 따라서 창의적 활동에도 위기를 초래한다. 이때 미술활동의 역할은 자신감을 심어 주는 일이다.

결정기에서 우리는 두 가지 미술표현 유형을 보다 확실히 발견하게 된다. 앞의 단계에서 논의했듯이 시각형과 촉각형으로 구분할 수 있다. 이 시기에는 이러한 시각형과 촉각형의 구별이 뚜렷하게 나타난다. 시각형은 대개 사물의 외형에서부터 접근한다. 대상 자체의 모양과 구조의 특성을 분석하여 명암, 색상, 톤, 원근에 따라 결정되는 형태와 구조의 변화에 관심을 갖는다. 시각형은 근육운동 지각과 촉지각적 경험도 시각적 언어로 전환시키려 한다. 촉각형은 신체 그 자체, 즉 근육감각, 근육운동의 지각적인 경험, 촉각에 의한 인상 그리고 외계에 대해 자신과 가치 있는 관계를 맺고 있는 모든 경험들이 중요한 매개체이다. 인물 표현에 있어서도, 시각형은 인물을 환경과 동일한 현상으로 바라본다. 그래서 정확한 비례와 치수는 이 유형에서 가장 중요한 것이 된다.

촉각형은 그림의 구성요소들인 비례, 명암, 공간을 정서적인 중요성에 의해 주관적으로 결정한다. 이와 같이 두 가지 유형은 창조의 개념적 차이를 지니고 있다.

또한 공간표현에서도 시각적 공간과 촉각적 공간으로 나누어 볼 수 있다. 시각적 공간은 매우 넓은 공간처럼 지각되고 촉각적 공간은 매우 제한된 것이다. 이 두 유형의 공간은 가치판단을 통하여 자아가 그것에 포함되면 신비한 의미를 갖게 된다. 두 가지 공간에 대한 해석은 모두 개인에 따라 왜곡되어 있다고 할 수 있다. 시각적 공간이 보다 사실적인 것으로 논의되어 왔지만 먼 곳에 있는 물체도 실제로는 크기에 변화가 없으며 촉각형은 이러한 사실을 그대로 표현한다. 거리에 따라 크기가 결정되기보다는 중요한 정도에 따라 공간 속의 대상을 평가하고 있다. 미술교육이나 미술치료 영역에서 간과해서는 안 될 부분이 바로 '원근법에 의한 해석'의 고집이다. 두 가지 표현유형은 개성의 발달에도 중요한 의미를 지니고 있다. 즉 전체와 부분 중에 어느 것을 선호하느냐 하는 것은 성격 유형을 가늠할 수 있는 준거가 된다.

발달 미술치료는 아동의 각 발달과정 단계에 적합한 치료를 함으로써 아동으로 하여금 좌절과 실패에 대한 두려움을 없애고 스스로의 자존감을 가질 수 있게 하는 것이다.

- 아동과 성인의 과도기로서 자아 인식능력과 환경 인식 능력이 급격히 발달한다.
- 진정한 의미의 창조적 그림을 그릴 수 있는 시기이다.
- 사실적 표현뿐 아니라 입체적 표현에 흥미를 느끼며, 공간에 대한 관심이 깊어져 공간에서의 색채, 크기, 명암, 원근 등 변화에 민감하다.
- 실제에 가까운 색을 사용하고 주관적이고 개성적인 표현을 하려고 애쓰며, 각 부분 간의 조화로운 표현을 하기 위해 노력한다.
- 실패 시, 이 시기에 대부분의 아동은 그림에 대한 흥미를 상실한다.

〈그림 23〉 시각형 그림의 예   〈그림 24〉 비시각형(촉각형) 그림의 예

2. 피아제(Piaget)의 아동미술 발달단계

1) 1단계(감각운동기)

0~2세의 수준으로 첫 번째 발달단계이며 이 시기에는 미술재료만을 고집하는 것이 아니라 새로운 여러 재료를 제시함으로써 다양한 경험을 할 수 있게 해 주어야 한다. 또한 이 시기에는 감각으로 확실히 인지될 수 있는 선명한 재료와 색깔을 제시하여 아동이 자신이 한 행위를 확인하고 인지할 수 있게 해 주어야 한다.

이런 과정을 통해 미분화된 상태로부터 감각, 지각 그리고 반사와 운동이 세분화되기 시작한다. 특히 이 시기에는 자신과 타인의 구분이 이루어지기 시작하며 생후 초기에는 엄마와 자신을 하나의 인격체로 생각하다가 친밀한 애착관계를 바탕으로 엄마로부터 자신을 분화시킨다.

분화가 이루어지면 아이는 모든 것에 관심을 보이게 되는데 이 시기에 신체적 경험으로 다양한 감각과 운동에 친숙해질 수 있게 해 주어야 한다.

감각운동기의 재료는 복잡하거나 구조화된 것보다는 단순하고 덜 구조화된 재료가 아이들에게 적합하며 여러 새로운 자극에 예민하게 반응하는 시기이므로 아이가 극복할 수 있는 단순한 재료가 가장 유용하다. 또한 애착관계를 잘 이룰 수 있도록 자기와 타인에 대한 관계 형성 작업도 필요하다.

* 감각변별이 중요하고 다양한 신체경험과 근육, 협응 운동을 필요로 하며 새로운 재료와 좋아하는 재료를 탐색하고 잘 놀 수 있게 해 주어야 한다.

냄새를 맡고 만져 보며 다양한 감각을 느끼게 해 주는 것이 중요하며 너무 자주 재료를 바꾸지 말고 반복학습이 적절히 들어가야 한다.

* 이 시기의 도구
- 진한 펜, 깨끗한 종이.
- 자신이 한 행동의 결과를 확인하기 위해서 자연스런 일반 재료가 더 편안하다(흙, 모래, 물, 풀, 밀가루).
- 감각을 즐겁고 다양하게 자극하고, 대소 근육운동을 도우며 부재료(나무젓가락, 컵 등)를 이용하면 인과관계와 조합능력, 조절능력까지 향상시킨다.

* 풀 그림 예

- 전혀 활동도 못 하는 아이 뒤에서 안고 같이 움직이며 그림, 아동이 움직이기 시작하면 앞으로 와서 아동의 행동을 모방, 아동에게 의미와 주도성을 주려는 의도.

* 프로그램 예

- 크레파스놀이, 매직놀이, 파스텔놀이, 물감놀이(찍기, 스펀지이용, 붓 등), 손가락 풀, 점토놀이, 스티로폼놀이, 구슬놀이, 풍선놀이.

2) 2단계(전 조작기)

3~6세 수준으로 계속적으로 그림이 변화하는 시기이며 아직 사고가 조직적이지는 않지만 상징화시킬 수 있는 능력이 조금씩 생겨나는 단계이다. 하지만 이 시기는 자기중심적이기 때문에 상징 또한 주관된 현실을 나타내는 데 초점이 맞춰진다.

이때는 상징이 발달하는 시기인 만큼 상징화 능력을 키워야 할 시기이며 모방과 흉내 그리고 연상놀이 등을 이용할 수 있다. 또한 이제 감각운동기에 발달하지 못했던 소근육의 발달 즉 운동 발달로 인해 미술도구를 이용해 자유로운 표현이 가능해졌으므로 소근육 운동을 위한 프로그램도 유용하다.

이 시기의 정서적인 면에 있어서는 운동과 인지가 조금씩 발달함에 따라 이전보다 복잡한 것들을 수행해 보고자 하는 욕구를 가지게 되어 자율성이 강해지며 자신에 대한 감정을 인식하게 되어 여러 감정을 느낄 수 있게 된다. 예를 들면 이전에는 '아프다와 슬프다, 무섭다'의 감정을 하나의 감정으로 모두 받아들였으나 이 시기가 되면 이 감정들이 조금씩 세분화되기 시작한다.

* 상징의 발달－모방, 연합, 접근의 발달에 따라 이루어짐.

모방능력 기르기－재료를 사용하면서 생활경험을 흉내 내어 보도록 할 수 있다. 극 놀이를 하면서 사진, 사물, 사람을 모방해 보도록 하거나, 몸짓과 소리를 사용한 모방놀이를 하는 것.

호랑이를 그려 놓고 울음소리를 흉내 내고, 호랑이처럼 신체표현을 하는 것.

연상놀이－한 가지 형태나 색에서 생각나는 여러 가지를 그리거나 말하면서 이루어진다. 현재 알고 있는 사건이나 사물, 느낌을 연합하는 것.

기술의 촉진이 필요 - 가위놀이, 색종이 다루기, 물감 사용법, 적절한 도구의 사용.

3) 3단계(7~12세)

이전보다 논리적이고 체계화된 사고를 할 수 있게 된다. 조망수용능력이 발달함에 따라 자기중심적이기보다는 타인을 배려할 줄 아는 능력이 생기며 그림에 있어서는 사실적인 그림을 그리려고 노력하는 시기인데 이 시기에 보통 사실적인 표현이 안 돼 좌절하거나 자신에 대해 실망하는 경우가 많으므로 이에 적절한 치료가 들어가 주어야 한다.

특히 이 시기에는 그림에 있어서 자신을 표현할 수 있는 능력이 이루어져 있기 때문에 자기 인식 프로그램이 들어가기 시작하는데 자화상, 신체 본뜨기, 과거·현재·미래의 나와 같은 프로그램 등을 적용한다.

* 조망수용능력: 타인의 시각에서 바라보는 상황을 이해하는 타인 중심의 이해능력

* 켈로그 발달단계

① 낙서의 단계(2세 전후)
의미 없는 묘화 형태를 긁적거리는 단계이다.

② 형상화 단계(2, 3세)
원, 십자가, 정사각형, 직사각형 등의 기호적인 도식이 나타난다.

③ 디자인 단계(3, 4세)
도형을 조작하고 추상적이지만 어느 정도 균형 잡힌 그림이 나타난다. 가장 흔하게 나타
나는 형태는 만다라형, 태양형, 방사선형(십자가가 세 개 이상 모여 중심의 한 점을 지나
가는 형태)이다.

④ 인물화의 단계(4세)
관찰의 결과가 아니라 이전 단계의 반복된 작업으로 이뤄 낸 도형의 결과물로서, 타원형
이나 만다라형이 합쳐져 인물이 되며 그림에 이름 붙이기를 좋아한다.

⑤ 초기 회화 단계(4, 5세)
이 시기에는 성인이 인식한 것과 비슷하게 동물, 식물, 건물, 수송기관 등을 자주 그린다.
또한 자신이 그린 것이 실제와 비슷하게 느껴졌을 때 미적 경험을 하게 된다.

II. 시지각 발달을 위한 프로그램

1. 시각의 발달

- 임신 7개월경의 태아는 자궁 안에서 빛과 어둠의 구별이 가능해진다.
- 신생아는 20~25cm 거리의 사물을 볼 수 있고, 사물이 또렷이 흑백의 대조를 이룰 때 구별 가능하다.
- 신생아의 경우 붉은색을 가장 오랫동안 바라보고, 흰색을 바라보는 시간이 가장 짧다.
- 아기의 뒤쪽에 있는 색채 인식 세포들이 제대로 발달하려면, 4~5개월이 더 필요하며 '중간색'을 알게 되는 것은 최소 생후 6개월 무렵이다.
- 7~8개월에는 아는 사람과 모르는 사람을 구분한다.

2. 월령별 시각 자극 스케줄

1) 0~12개월

① 모빌 매달아 주기

- 신생아 때는 흑백모빌을 달아 준다.
- 3개월 이후에는 컬러모빌을 달아 준다(개월 수에 따라 시각이 발달하므로 조금씩 거리를 넓혀 달아 준다).

② 까꿍 놀이

- 아기는 자신의 눈앞에서 안 보이면 사라졌다고 믿는다.
- 그때 생각지도 못한 것이 불쑥 나타나면 그 의외성에 즐거워한다.

③ 눈, 코, 입 찾기

- 아이의 얼굴을 마주 보며 놀이한다.

④ 엎어두기

- 엎드린 채 놀게 하는 것도 아이의 시각 발달에 도움을 준다.

- 엎드린 자세에서 고개를 들면, 주위 사물을 다른 각도에서
볼 수 있기 때문이다.

2) 13~24개월

① 색칠하기
- 만 2세 무렵이면 색 구분이 가능하다.
- 색칠놀이, 색깔찾기 놀이가 제격이다.

② 풍선놀이
- 다양한 색상의 풍선을 가지고 놀면, 색감뿐 아니라 촉각,
지각 능력도 발달한다.

③ 컵 쌓기
- 색깔은 같지만 모양은 다른 플라스틱 컵을 여러 개 놓고
쌓는 놀이이다.
- 쌓고 허무는 과정에서 운동능력을 길러 준다.

④ 퍼즐 맞추기
- 1~3조각으로 된 유아용 퍼즐을 사용한다.

3) 25~36개월

① 신호등 건너기
- 횡단보도를 건널 때, 빨강, 노랑, 녹색 등 색을 관찰하고 생활 속에서 어떻게 쓰이는지 설명해 준다.

② 그림책 읽어 주기
- 같은 단어나 내용이 반복되는 것이 좋다.

③ 끼우기 놀이
- 각각의 모양 조각을 상자의 구멍에 끼워 맞추는 장난감을 주면, 다양한 모양을 구분하는 능력을 익히게 된다.

④ 그림 그리기
- 크레파스로 자유롭게 그려 보게 한다.
- 원색과 파스텔 색을 고루 쓰면서 색감의 차이를 느끼게 한다.

Ⅲ. 아동발달과 미술치료

아동은 자신의 감정 등을 말로써 표현하는 데 있어 성인만큼의 능력을 가지고 있지 못하며, 종종 말보다는 다른 수단을 통해서 이를 표현하려고 한다. 그림 그 자체는 아동의 이야기를 자연스레 드러내 줄 뿐 아니라, 치료사가 이러한 시각적인 이야기를 이용해서 내담자인 아동과 상호작용하고, 아동이 자신의 생각과 관심을 다른 사람과 이야기하는 카타르시스를 느낄 수 있도록 해 준다. 우리 아이들은 끊임없이 말하고 싶어 한다. 그것이 언어가 될 수도 있고, 다른 것이 될 수도 있다. 다만, 우리 어른들이 알아채지 못하고, 받아줄 준비가 되어 있지 않을 뿐이다. 미술이 지닌 기능에 대해 여러 학자들이 다양한 측면으로 언급하고 있다. 루빈(Rubin)은 미술은 무질서에서 벗어나 질서를 잡는 방법이며, 아동이 어떤 결과의 두려움이나 환경으로부터의 보복 없이 대인관계를 창조하고, 상징적으로 소망을 이루며, 자극을 통제하고 감정과 욕구를 표현하기 위해 사용될 수 있다고 하였다. 또한, 코헛(Kohut)은 미술은 아동의 욕구를 반영시키는 것과 관련되어 나타난다고 하였으며, 크레이머(Kramer)는 목적 있는 상징의 구성이 바로 미술이라고 말하였다. 그 밖에 여러 학자들이 미술을 통해 아동에게 표현의 기회를 주며, 자신을 재정립할 수 있는 기반을 마련해 준다고 말하고 있다.

모든 아동은 창작능력을 가지고 있으며 여러 가지 기술을 습득하여 통합할 수 있고, 미술활동을 할 때 사고와 감정의 자유를 즐길 수 있어야 하며 일상생활의 경험에서 비롯된다. 아동의 심미감이 개발되어야 하며 시각적 지각의 발달을 전제로 해야 한다. 아동은 창의적이기 마련이므로 미술자료를 통하여 자신을 창의적으로 표현하는 데서 큰 즐거움을 얻기도 한다. 미술활동의 의의와 가치는 아동발달의 모든 영역에서 발견될 수 있으며, 아동이 신체적으로 발달할 수 있는 기회를 제공한다. 아동은 팔과 손의 근육을 움직이고 조절함으로써 대소근육이 발달하며 눈과 손의 협응이 능숙하게 되며 아동이 자료와 소재를 통하여 물리적 환경에 대해 인식하는 데 도움이 되고 아동에게 감각적 즐거움을 준다.

1. 미술치료의 교육적 의의

아동에게 있어 미술치료는 아동의 성장과정에서 자기표현의 기회를 제공하여 지적 발달과 정서적 발달, 인격 형성의 발달에 교육적 의미를 포함하는 것이다. 이것은 미술교육적

측면에서 미술이 인간의 자아표현 및 인간성 회복이라는 전
인교육의 기능을 포함하고 있음을 의미한다. 미술표현활동
은 활동 특성상 인지적 활동과 정서적 활동의 종합적 활동으
로 교과 내에서 주제별·재료별 통합은 물론 타 교과나 생활
경험과의 통합이 용이하다.

이와 같은 점을 통해 미술치료에서 다음과 같은 교육적 의
의를 살펴볼 수 있다.

첫째, 미술을 통하여 균형 있는 발달을 도모한다. 미술활동
은 인지적 활동과 정서적 활동이 통합된 종합적인 활동이다.
Piaget에 의하면 심상은 각 발달단계에 따라 발달하며 지적
발달단계와 병행한다고 한다. 최근 예술심리학에서는 예술
창작과 감상에 관련된 인지능력을 강조하는 추세이다. 특히
미적 반응과 밀접하게 관련되어 있는 정서적 측면은 인지적
측면과 구별되지 않고 인지적 측면의 한 부분으로 간주된다.
결국 창의적 심상의 본질은 감각적 지각을 통해 경험된 것이
면서 다른 경험과의 관계 속에서 재조직되어 완전히 새로워
진 것으로 파악할 수 있다.

둘째, 교과 내에서의 통합 및 타 교과와의 통합활동이 용
이하다. 미술과는 그 특성상 타 교과 경험과의 연관이 자유
롭다. 이 같은 미술과 통합의 용이성을 근간으로 하여 각 교

과의 특수성을 살려 나가는 통합적 학습에서는, 어린이에게 그 시간에 하나의 개념을 체득하게 하는 것이 중요하다. 또한 미술교과 안에서도 통합적인 활동이 가능하다. 미술재료의 통합, 이해와 표현, 감상의 통합, 미술방법의 통합 등 다양한 활동을 전개함으로써 미술에 대한 분리된 이해가 아닌 통합된 이해를 도모할 수 있다.

셋째, 생활경험과의 통합이 용이하다. 어린이에게 있어 학습이 의미 있게 함은 물론 좀 더 흥미를 가지고 참여할 수 있도록 배려하기 위해서는 제재 선택이 중요하다. 어린이는 자신에게 밀접하게 관련 있는 것에 더 큰 관심을 갖는다. 미술교과에서 학습제재 선택 시 어린이들의 생활경험을 중심으로 선택하는 것이 용이하다. 생활경험의 표현을 통하여 자기 표현력 및 자아 개념을 확장시킬 수 있음은 물론 어린이 생활주변에서의 제재 선택은 자신의 주변 환경을 미적으로 개선하고 향유하게 하고자 하는 미술의 목적에도 부합한다.

2. 미술치료의 치료적 의의

일반적으로 미술교육이 기술습득을 중심으로 하는 인지적 훈련과 문제 해결 과정을 통해 자신에 대한 자신감과 능력을 기르는 데 중점을 둔 반면 미술치료는 자유로운 자기표현 즉 정서적인 측면을 그 핵심으로 하고 있다. 최근에는 심리학적 영역, 치료적 영역의 다양한 분야에서 자아 인식과 자아 개념의 형성과 표현을 돕기 위한 미술의 치료적 의미와 진단적 기능이 대두되고 있다. 진단적 기능은 아동의 그림에서 내면의 세계를 분석하여 알아보는 것을 말한다. 아동의 그림에는 무의식 생활, 억압된 요구, 희망, 기쁨 등이 투영되어 있다. 그리고 그들이 사용하는 색채 속에도 그들의 여러 가지 정신적인 갈등, 대인행동, 성격의 특징 등이 나타나고 있다. 색깔의 선택이나 선의 표현, 구도, 선 그리고 좋아하고 싫어하는 형태를 확인하여 분석하여 아동의 내면의식 또는 상태를 살펴보는 것이 진단적 기능이다. 치료적 기능은 정서장애 아동의 대인관계의 부적응, 애착의 결여, 접촉회피, 언어장애, 주의산만, 상동행동과 특정한 물건에 집착하는 행동 변화에의 저항, 학습에 부적응, 환경과 사물에 무관심 등의 증상에 대해 미술치료가 단계적으로 증상을 개선하거나 경감시키는 데 기여하는 것을 말한다.

미술치료의 치료적 의의를 살펴보면, 첫째, 어린이가 가지고 있는 기본표현의 욕구를 표현활동을 통하여 충족시켜 준다. 어린이들에게 가장 먼저 나타나는 표현은 끄적거리기(난화)이다. 이것은 어린이의 기본적인 움직임의 능력이 갖추어

졌을 때부터 시작된다. 이는 표현에 대한 욕구를 반영하는 것이다. 점차 어린이가 커 가면서 자신의 표현에 성장의 정도를 반영하게 되고 개성, 정서 등이 나타나게 되며 의사소통의 매체로 활용된다.

둘째, 표현활동을 통하여 내면세계나 정신성의 표현을 쉽게 하여 카타르시스를 제공한다. 미술은 자신의 생각이나 느낌의 표현을 주로 하는 영역이다. 특히 어린이는 자신의 생각이나 느낌, 감정 등을 미술적인 매체로 자유롭고 솔직하게 표현하여 미술을 자아표현의 훌륭한 방법으로 활용한다. 자아표현은 미술을 조화로운 인간 형성과 창의성 계발의 한 방법으로 본 치젝(Cizek)이나 로웬펠드(Lowenfeld) 등에 의해 특히 강조되었는데, 이들은 어린이가 외부로부터 주어지는 간섭이 없는 자유로운 자아표현을 통해 자신의 모든 감각을 표현에 의해 노출시키고, 촉각적·시각적·청각적 현상에 대한 직접적인 경험을 통해 어린이의 상상력과 자각능력을 발달시키는 것이 미술교육의 역할로 보았던 것이다.

셋째, 표현활동을 통하여 개성을 반영하고 발견하게 한다. 미술에서는 다른 과목과는 달리 형식화된 틀이 없다. 모든 표현이 개방되어 있으며, 모든 표현을 나름대로 의미 있는 것으로 보고 존중한다. 오히려 남다른 표현이 강조되므로 어린이들은 자신들의 생각이나 느낌, 감정을 자유롭고 창의적으로 자신의 개성을 표현하는 것이다.

3. 미술로 뇌 발달시키기

세계적으로 유명한 레오나르도 다빈치를 모르는 사람은 없을 것이다. 그는 화가이며 조각가이기도 하지만, 과학자이자 음악가, 건축가, 공학자, 천문학자, 해부학자이기도 하였다. 그의 그림과 조각 작품의 계획도는 정확하고 분석적이며 또한 수학적으로도 매우 정밀했다. 500년 전에 하늘을 나는 비행기를 설계했으며 자전거, 헬리콥터, 가위 등을 설계했는데, 400년이 지난 후 사람들이 실제로 만들어 사용하게 되었다. 레오나르도 다빈치에게 미술과 과학은 분리될 수 없는 것이었다. 그의 해부학 노트에는 동맥경화증은 노화를 가속화하며, 동맥경화증의 원인은 운동 부족이라고 나와 있다. 또한, 몸의 양쪽을 균형 있게 이용해야 한다고 생각해서 그림 그리기와 글씨 쓰기하는 데 양손을 이용했다고 한다.

미켈란젤로는 누구보다도 예술가의 위상을 높인 인물로 알려져 있다. 창조의 재능은 신으로부터 부여받은 것이라는 믿음으로 미켈란젤로는 모든 관습을 깨뜨렸다. 또한 조각가이

자 화가, 건축가, 공학자로 활약할 정도로 매우 광범위한 지식을 가지고 있었다. 미켈란젤로는 인체에 대한 호기심을 인체 해부를 통해 극복하였으며, 과학적 논리와 예술적 감각이 조화롭게 발달하면서 불후의 명작들을 탄생시키게 되었다.

스페인의 화가이자 신경과학자인 카할(Cajal)은 뉴런의 구조를 현미경으로 상세히 조사한 연구로 골지와 함께 1906년 노벨 생리의학상을 받았다. 카할은 생계를 염려한 부친의 권고로 의사가 되었지만 그의 과학적 논리성과 미술적 공간 지각력을 조화롭게 발휘하여 세포의 단면모양뿐인 광학현미경으로는 알 수 없었던 세포의 입체상을 인내력과 관찰력, 집중력을 통해 그림으로 표현하였으며, 그 자료들을 학계에 발표하여 뇌(腦)과학 발전에 획기적인 기여를 하게 되었다.

인간의 다양한 능력 중에서 특별히 창의적 사고력이 요구되고 있다. 최근의 연구결과에 따르면 컴퓨터나 학습지보다 독서나 미술을 하는 아동들의 창의성이 풍부한 것으로 나타나고 있다. 책을 읽고, 보고, 느끼는 가운데 얻어진 풍부하고 다양한 경험과 상상력은 아동들의 감성 체계를 자극해 표현하려는 욕구를 일으킨다. 또한, 아동이 책을 읽고 내용을 스스로 재구성하고 미술을 통해 표현하는 가운데 창의성은 발달하는 것이다.

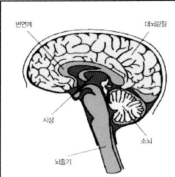

1. The brainstem(뇌줄기)
살아가는 데에 있어 기초적인 기능을 담당.
Ex) 체온, 혈압, 호흡의 중추
2. The midbrain(중뇌)
식욕 중추, 수면 및 각성 조절의 중추.
3. The cerebellum(소뇌)
운동 및 균형감각의 중추.
4. The limbicsystem(변연계)
뇌의 가운데 부분, 기억과 감정, 공포의 중추.
5. The cortex(대뇌피질)
뇌의 여러 기능을 연합하고 조절하는 기능.
이성적인 사고 및 행동, 언어의 중추.

엽	기능
이마엽(frontal lobe)	운동신경 지배, 추상적 사고, 판단, 수의적 운동 움직임
관자엽(temporal lobe)	기억, 시각 연합영역, 청각 연합영역, 청각중추, 언어중추
마루엽(parietal lobe)	지각신경 지배, 통증, 온도, 압력, 몸과 사지의 자세인식
뒤통수엽(occipital lobe)	사각신경 지배

뇌의 발달단계에서 사람의 뇌는 3세에서 6세까지 앞이마 부분인 전두엽 부위에서 신경회로의 발달이 최고조에 이르게 되고, 7세에서 12세 사이에서는 부정엽과 측두엽 부위로 옮겨지며, 사춘기인 12세에서 15세 사이에는 뇌 뒤쪽의 후두엽으로 발달의 중심이 옮겨지게 된다. 문학적 창의성의 센터는 전두엽으로 일컬어지고 있지만, 모든 영재의 공통된 특징으로 연상회가 지목되고 있다. 이곳은 두정엽과 측두엽 그리고 후두엽의 연합령으로서 전공분야를 불문하고 그 분야에서 수월성을 발휘한 사람들이 공통으로 발달한 곳이다.

초등학교의 학령기는 모든 영재의 능력이 갖추어지는 두정엽과 측두엽이 발달하는 시기이므로, 이 시기의 교육이 뇌력의 향방을 정해 놓는다고 볼 수 있다. 초등학교의 미술은 이렇게 뇌가 발달하여 가는 과정 중에 두정엽과 측두엽 발달기에 상당하는 기간에 해당하므로 어느 시기보다도 중요하게 취급되어야 한다.

좌뇌와 우뇌 중 어느 쪽을 더 많이 사용하고 더 능숙한가에 따라, 좌뇌형 인간과 우뇌형 인간으로 구분할 수 있다. 각각의 특징을 알아보면, 우선 좌뇌형인 사람은 질서와 안정을 좋아하며, 규칙을 고수하고 계획을 세워서 일처리하기를 좋아한다. 반면 우뇌형인 사람은 변화를 좋아하고, 특이한 것, 조화되지 않은 것, 색다른 것을 좋아한다. 그 밖에도 좌뇌형은 경쟁하면서 경기하는 종목을 좋아하는 데 비해, 우뇌형은 예술적인 아름다움을 즐기는 다이빙, 피겨 스케이팅, 무용 등을 좋아하고, 좌뇌형은 낯선 사람을 만났을 때에 상대의 이름을 기억하는 데 비해 우뇌형은 얼굴의 특성을 기억한다. 일반적으로 좌뇌가 우세한 부모는 수학과 숫자에 능하기 때문에 논리적이고 집중력이 있는 자녀를 주위가 산만하고 예술적인 자녀보다 더 좋아하는 경향이 있다. 이것은 자녀를 부모의 관점에서 해석하는 것으로 자녀의 재능을 발달시키지 못하는 경우가 발생할 수 있으므로 자녀의 뇌 활용을 관찰하여 적절한 교육을 심어 줄 필요가 있다.

초등학령기는 모든 영재 능력이 갖추어지는 두정엽과 측두엽이 발달하는 시기로, 미술교육이 그 어느 때보다도 중요하다. 적절한 미술교육은 아이들의 잠재적인 창의성을 계발하는 데에도 큰 도움이 될 것이다.

미술교육의 목적은 단지 그림을 잘 그리게 하는 데 있지 않다. 우리는 오감을 통해 정보를 받아들이고 그 정보를 머릿속에서 조합하고 발전시켜 손을 통하여 다시 표출시키는 데 이것이 바로 그림이다. 이때 필요한 감각기관의 정교한 감각능력, 정보를 융합하고 추리하고 상상하고 사고하는 능력, 손을 통해 구체적인 형상으로 구현해 내는 능력 등은 미술을 통해 발전시킬 수 있다. 이처럼 사물을 정확히 관찰하는 능력, 색이나 형태를 세밀하게 감지하는 능력, 예민한 손의 조작, 무에서 유를 창조해 내는 능력, 창의력, 사고력, 기발한 착상, 사회성, 협동성, 정서 등은 미술과 깊은 관계가 있다. 또한 미술교육을 통해 생각하는 능력, 사고력, 창의력 등 인간에게 필요한 기본적인 능력을 동시에 키울 수 있다. 예를 들어 보이지 않는 부분을 상상해 그리기, 상황에 맞는 그림 그리기, 숫자나 도형 등 주어진 모양을 활용해 그림 그리기 등 생각하지 않고서는 그릴 수 없는 특별한 소재를 제시하고 그림을 그리게 하면 저절로 체계적이고 합리적인 생각, 논리적인 사고, 복합적인 뇌 활동, 기발한 아이디어, 창의력 등이 발달하게 된다. 뿐만 아니라 이처럼 생각해서 그림 그리기는 우뇌와 좌뇌를 고르게 발달시킨다.

이제는 인간이 편리하게 사는 것이 목표가 아니라 인간다운 삶, 즉 인간의 감성과 관련된 질적인 삶을 추구하면서 자연스럽게 이에 알맞은 섬세함과 감성적인 성격을 가진 여성들의 역할이 증대되는 시기를 맞게 되었다. 사람에게는 감성을 주관하는 오른쪽 뇌와 이성을 주관하는 왼쪽 뇌가 밸런스를 유지하면서 인간다운 삶을 영위하게 되어 있다. 이성적인 왼쪽 뇌만 발달하다 보면 아동의 마음은 건조해지고 이기주의가 발달하게 된다. 그러므로 감성적인 오른쪽 뇌를 발달시키기 위하여 아동들에게 음악이나 미술 또는 자연학습 등을 함으로써 아동들의 풍부한 상상력과 이로 인한 따뜻한 감성적인 마음을 키울 수 있게 된다.

Ⅳ. 우뇌와 좌뇌의 기능

우뇌	좌뇌
직관적이다.	주지적이다.
상징적인 내용에 더 반응한다.	체계적이고 언어적인 지시에 잘 대처한다.
문제를 예감이나 육감으로 파악한다.	문제를 순서에 따라 논리적으로 해결해 간다.
직관적인 문제 해결을 좋아한다.	합리적인 문제 해결을 좋아한다.
유동적이며 자발적이다.	확고하고 확실한 정보를 좋아한다.
주관적으로 판단한다.	객관적으로 판단한다.
종합적으로 사고한다.	계획적이고 구조적이다.
심상에 많이 의존한다.	정독을 하면서 내용을 분석적으로 이해한다.
그림 그리기나 조작하기를 좋아한다.	사고와 기억활동에서 주로 이미지보다 언어에
자유롭고 개방적인 연구를 좋아한다.	의존한다.
감정표현을 잘한다.	작문이나 일기 쓰는 것을 좋아한다.
대화 도중 은유법이나 유추를 자주 사용한다.	체계적인 연구나 작업을 좋아한다.
공간지각력이 발달해 있다.	감정을 잘 자제한다.
감성이 풍부하고 정서적이다.	몸짓으로 표현을 잘 하지 않는다.
상상하기를 좋아한다.	은유법이나 유추는 거의 사용하지 않는다.
상대방 얼굴을 잘 기억한다.	선택형 질문을 좋아한다.
	상대방 이름을 잘 기억한다.

1. 우뇌의 특징

우뇌는 풍경과 멜로디를 좋아하며, 시각·청각·촉각·후각·미각 등의 감각자극에 민감하게 반응한다. 또한 모든 일들을 철학적으로 해석하고 자기에 대한 인식과 가치를 추구하지만 때로는 감정이 풍부하고 비합리적이어서 판단이 흐려지는 경우도 있다. 그러나 잠재된 풍부한 예술성을 통해 그림·음악·무용·연극·체육 등에 능숙하고 대화를 할 때 몸짓으로 많이 표현하고 상대방에게 과장하거나 자랑하는 것을 좋아하기도 한다. 역사적·사회적 사건에 흥미가 많고, 직감력·공상력·추리력·지도력·사교성·인솔력·형태감각이 우수해서 서로 관련이 없는 지식과 경험을 조화롭게 통합시켜 새로운 아이디어를 창조할 수 있는 잠재력이 있다.

우뇌 우세형 아동들은 감성이 풍부하고, 공간 지각력이 뛰어나지만 자신의 일들을 논리적으로 분석하는 힘이 보충될 때 새로운 창의성을 발휘할 수 있게 된다. 즉 우뇌에서 부족한 요인을 좌뇌에서 찾아 서로 상호 보완한다면 균형적인 뇌 쓰기를 통해 전뇌적인 교육으로 발전할 수 있는 것이다.

1) 우뇌 강화시키는 방법

① 상상을 창의력으로 연결시킨다.

② 회화적 감각을 익힌다.

③ 이미지력을 높인다.

④ 공간적 인식력을 단련시킨다.

⑤ 오감(시각, 청각, 미각, 후각, 촉각)을 연마하면 뇌가 활성화된다.

⑥ 음악을 들으면서 우뇌를 단련시킨다.

⑦ 자유롭고 풍부한 상상력으로 머리를 유연하게 활동시킨다.

⑧ 패턴인식력을 높인다.

⑨ 비논리적인 상상이나 공상 훈련을 한다.

⑩ 감각훈련을 한다.

2) 우뇌 기능의 활성화를 위한 프로그램

① 음악 듣고 느낌 만들기

■ 목표 및 기대효과

1. 청각을 이미지로 전환하여 시각화하는 과정을 통해 감각을 발달시키도록 도와준다.
2. 긴장을 완화시킨다.
3. 점토를 이용함으로써 소근육 발달을 돕는다.

■ 준비물

점토, 조소도구

■ 활동 순서

(1) 클래식, 락, 발라드, 재즈 네 가지 장르의 음악을 한 곡씩 반복적으로 들려준다.
(2) 각 장르의 음악을 점토로 만든다.
(3) 각각의 조형물을 색도화지 위에 구성한다.

▣ 작업 사진

1.

－클래식을 듣고

2.

－발라드를 듣고

3.

－재즈를 듣고

4.

－락을 듣고

② 지우개 그림 그리기

■ 목표 및 기대효과

1. 두뇌 사고체계의 전환을 경험한다.

2. 공간 형태 인지력을 향상하고, 응용력을 키운다.

■ 준비물

도화지, 연필, 지우개

■ 활동 순서

(1) 흰 도화지 위에 4B연필로 전부 색칠한다.

(2) 지우개를 비스듬하게 잘라 지워 가며 형태를 만든다.

(3) 외부에서 내부로 형태를 지우면서 만들어 나간다.

(4) 응용 - 형태가 들어가는 그림을 그려 본다.

■ 작업 사진

1.

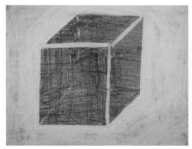

2.

③ 문장을 듣고 표현하기

■ 목표 및 기대효과

추상적인 문장을 듣고 언어를 시각화하는 과정에서 상상력을 촉진시킬 수 있다.

■ 준비물

켄트지, 채색도구(색연필, 사인펜, 오일파스텔, 물감 등)

■ 활동 순서

(1) 구체적이지 않은 문장을 제시한다(손이 닿지 않는 곳, 변화가 있는 곳, 시원한 느낌이 나는 것 등).

(2) 문장을 듣고 떠오르는 장소나 이미지를 떠올려 본다.

(3) 떠오른 이미지를 그림으로 표현하고 채색하여 완성한다.

(4) 그림이 완성되면 그림을 보며 이야기를 나눈다.

■ 작업 사진

1.

시원하게 느껴지는 곳,
혹은 항상 변화가 있는 곳

2.

④ 후각을 통한 느낌 표현하기

■ 목표 및 기대효과

1. 다양한 향을 확인하면서 후각을 자극하고 흥미를 유발한다.
2. 후각을 통해 확인한 향을 이미지화하는 과정에서 상상력과 창의력을 발달시킨다.

■ 준비물

켄트지, 각각 다른 향이 나는 사물이나 향수(3가지 이상), 채색도구

■ 활동 순서

(1) 각각의 향기가 있는 사물이나 향수를 준비한다.
(2) 각기 다른 병에 준비한 향수를 담는다.
(3) 향을 확인해 가며 그림으로 표현한다.
(4) 스케치한 것을 채색하고 마무리한다.
(5) 그림이 완성되면 향기의 어떤 특징이 있었고, 그림으로 어떻게 표현했는지 등에 대해 이야기를 나눈다.

■ 작업 사진

1.

2.

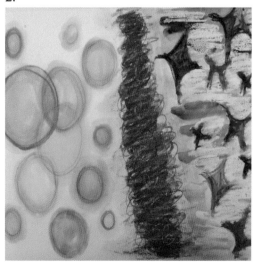

⑤ 소리 듣고 묘사하기

■ 목표 및 기대효과

1. 다양한 소리를 들어 보는 경험을 통해 청각을 자극하고 흥미를 유발한다.

2. 청각을 통한 소리를 시각으로 볼 수 있도록 이미지화하는 과정에서 상상력과 창의력을 발달시킨다.

3. 다양한 소리에 대한 자신의 감정을 포현할 기회를 갖는다.

■ 준비물

다양한 소리가 담겨 있는 매체, 켄트지, 연필, 지우개, 채색도구(색연필, 사인펜, 오일파스텔, 물감 등)

■ 활동 순서

(1) 다양한 소리가 녹음된 테이프를 준비한다(예: 꽹과리, 물소리, 북소리, 새소리, 피리소리, 바람소리, 시장이나 학교에서의 소리 등).

(2) 5~10개 정도의 소리를 반복적으로 들려준다.

(3) 반복적으로 들리는 소리를 들으며 떠오르는 이미지를 그림으로 표현한다.

(4) 완성되면 자신의 그림이 어떠한 소리를 나타내고 있고, 소리의 어떠한 특징으로 인해 이러한 그림이 표현되었

는지 등에 대해 이야기를 나눈다.

■ 작업 사진

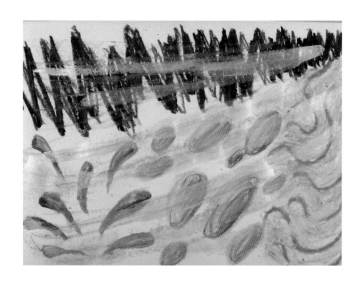

⑥ 이야기 만들기

■ 목표 및 기대효과

1. 두 그림을 보고 이야기를 만드는 과정에서 상상력 및 창 의력을 향상시킨다.

2. 상황을 판단하는 능력을 발달시킨다.

3. 글을 그림으로 옮기면서 표현력을 발달시킨다.

■ 준비물

도화지, 두 장의 그림, 크레파스, 물감, 색연필 등 채색도구

■ 활동 순서

(1) 두 장의 그림을 보여준다.

(2) 두 그림 사이에 무슨 일이 일어났을지 생각하며 도화지 뒷면에 글로 적는다.

(3) 적은 글을 토대로 도화지 앞면에 그림을 그려 상황을 완성한다.

(4) 완성한 세 장면의 그림을 설명한다.

■ 유의사항

두 장의 그림은 어떤 행동을 하고 있는 모습의 그림이어야 이야기를 만드는 데 수월하다.

■ 작업 사진

1.

2.

⑦ 식물 속 그림 그리기

■ 목표 및 기대효과

1. 상상 및 연상 작용의 기대

2. 창의력 발달

■ 준비물

도화지, 채색도구(오일 파스텔, 크레파스, 연필, 사인펜, 색연필)

■ 활동 순서

(1) 화초나 야채를 테이블 위에 올려놓는다.

(2) 5분 정도 감상하며 식물의 내부를 상상한다.

(3) 식물의 내부에 무엇이 있을지 생각하여 외부를 그리지 않고 내부만 스케치한다.

(4) 스케치한 것을 채색하여 표현한다.

■ 작업 사진

⑧ 순간적 사건 묘사하기

■ 목표 및 기대효과

1. 순간의 장면을 관찰하고 그림으로 옮기는 과정에서 표현력 및 직관력을 발달시킨다.
2. 달걀이라는 재료를 이용하여 흥미를 유발시킨다.
3. 관찰 후, 그 장면을 다시 생각하게 하여 상상력 및 창의력을 향상시킨다.

■ 준비물

도화지, 연필, 지우개, 크레파스, 물감, 색연필 등 채색도구, 계란, 접시

■ 활동 순서

(1) 계란 1개와 접시를 준비한다.
(2) 계란을 접시 위에 깬다.
(3) 계란이 깨지는 순간의 장면을 관찰하고 도화지에 그림으로 옮긴다.
(4) 장면의 그림을 중심으로 어울리는 배경을 자유롭게 꾸민다.

■ 유의사항

1. 계란껍질이 날카로우므로 베이지 않도록 조심한다.
2. 계란을 깼을 때 아동이 그 장면을 놓칠 수도 있으니 여분의 계란 1~2개를 미리 준비해 둔다.

■ 작업 사진

1.

2.

⑨ 10분 간격 그림 그리기

■ 목표 및 기대효과

1. 명화를 이용하여 흥미를 유발시킨다.

2. 10분 안에 명화를 따라 그림으로써 직관력 및 순발력을 발달시킨다.

3. 자신의 느낌대로 명화를 재구성하면서 창의력을 발달시킨다.

■ 준비물

4절 도화지, 크레파스, 물감, 색연필 등 채색도구, 연필, 지우개, 4장의 명화

■ 활동 순서

(1) 4절 도화지를 4칸으로 나눈다.

(2) 명화 한 장을 보고 10분 만에 빠르게 표현한다.
    － 10분 안에 명화 하나를 빠르게 완성하고 지나치게 자세한 표현은 안 해도 좋다.

(3) 그다음 명화를 같은 방법으로 10분 안에 그린다.

(4) 4장의 명화를 완성한다.

■ 유의사항

1. 너무 복잡하지 않은 것이 설정된 시간 안에 표현하기가 좋다.

2. 너무 큰 도화지는 그림 그리는 시간이 많이 걸리고 너무 작은 도화지는 표현하기에 복잡하므로 4절도화지를 4칸 으로 나누는 것이 가장 적절하다.

■ 작업 사진

1.

2.

⑩ 패턴 만들기

■ 목표 및 기대효과

1. 눈과 손의 협응력, 민첩성

2. 흥미 유발, 동기부여

3. 소근육 발달

■ 준비물

색도화지, 칼

■ 활동 순서

(1) 8절지 색도화지에 칼집을 1cm 간격으로 촘촘하게 낸다.

(2) 1cm짜리 가는 종이를 색깔별로 준비한다.

(3) 씨실/날실의 원리를 이용하여 자신만의 패턴을 만든다.

■ 작업 사진

2. 좌뇌의 특징

좌뇌적인 사고 패턴은 직선적이고 순서적이며, 조직적이고 계획성이 있어 사물을 생각할 때는 단계적이고 질서 있게 생각하고 처리할 수 있는 언어적 사고방식으로 볼 수 있다. 분석적이기 때문에 세밀한 부분을 먼저 파악하고 전체를 살피게 된다. 또한 지능적이고 합리적인 성격으로 이치에 맞지 않은 일을 좋아하지 않는다. 수학과 물리에 흥미를 가지며 부호를 이용한 글자를 쓰거나 숫자를 이용하여 대소를 나타내기를 좋아한다. 이렇게 이성과 지성이 우세한 좌뇌적인 사고 패턴이 근대과학이 탄생하는 기초가 되었다.

좌뇌에 언어센터가 있어 우리의 생각을 말로, 글로 나타낼 수 있는데, 언어센터는 많은 동물 가운데 인간에만 존재한다. 모든 일을 정확하게 판단하고 자세히 기억을 한다. 그래서 좌뇌를 과학의 뇌라고 하며, IQ 점수는 좌뇌의 척도라고 할 수 있다. 그러므로 머리가 좋다는 말은 좌뇌의 구성이 잘 되어 있다고 볼 수 있다.

좌뇌가 활성화된 사람들은 우뇌력을 활성화시켜 전뇌적인 뇌 개발이 될 수 있도록 만들어 주는 것이 바람직한 뇌 교육이다.

1) 좌뇌를 강화시키는 방법

① 작품을 감상할 때 어떤 내용이 내포되어 있는지 분석하고 구체적으로 감상한다.

② 항상 목표를 세우고 목적 달성과 비교하면서 생활한다.

③ 메모에 우선순위를 기입한다.

④ 추상적인 이야기를 구체적으로 파악하면서 듣는다.

⑤ 모든 일들을 논리적이고 합리적으로 해결하려는 습관을 기른다.

⑥ 논리적인 의견이나 제안을 할 때 미리 연습한다.

⑦ 작문을 쓰거나 일기를 쓰는 습관을 가진다.

⑧ 박물관이나 전시장에서 작품을 감상하면서 역사적인 배경이나 재료, 기법 등에 대하여 기록하고 도상학적인 해석을 붙여 본다.

⑨ 명상을 통해 마음을 가라앉히고 문제를 차례로 적으면서 해결점을 찾는다.

⑩ 자신의 현재 위치, 경제성, 정확성, 통찰력 등을 생각하고 체계적으로 적어 본다.

2) 좌뇌 기능의 활성화를 위한 프로그램

① 두 손 그리기

■ 목표 및 기대효과

1. 양손을 함께 사용하여 그림을 그리면서 전뇌 영역 발달에 도움을 준다.
2. 그림을 그린 후 연결 작업을 통해 형태 완성력을 높인다.

■ 준비물

켄트지, 채색도구(색연필, 사인펜, 오일파스텔, 물감 등)

■ 활동 순서

(1) 두 가지 색칠 도구를 양손에 골라 든다.
(2) 종이에 자유롭게 양손을 사용하여 대칭이 되도록 동시에 그림을 그린다.
(3) 색을 바꿔 그려 보고 양손 그리기를 완성한다.
(4) 완성한 양손 그리기 그림에 연상되는 그림을 생각한 후 더 그리고 꾸며 완성한다.

■ 작업 사진

1.

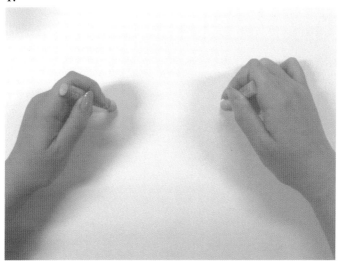

2.

② 독서 감상

■ 목표 및 기대효과

1. 지능적 사고를 할 수 있도록 한다.
2. 독서 감상을 글과 그림으로 표현해 봄으로써 효과적인 독서를 할 수 있다.

■ 준비물

켄트지, 크레파스 색연필, 사인펜

■ 활동 순서

(1) 책을 읽은 후 줄거리를 글로 쓴다.
(2) 줄거리를 보며 가장 기억에 남는 장면을 골라 그림으로 그려 표현한다.
(3) 다른 사람에게 그림을 보여주며 책의 내용 중 어떤 부분인지 설명을 한다.

■ 작업 사진

1.

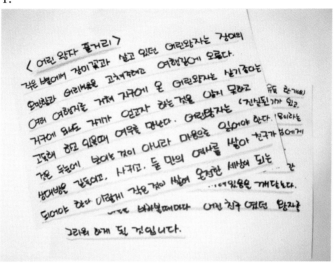

2.

③ 점으로 그리기

■ 목표 및 기대효과

1. 점을 이용해 나타나는 이미지를 떠올려 창의력 향상에
   도움을 준다.
2. 점을 세면서 찍고 선을 이어 긋는 활동을 통해 기초표현
   력을 기른다.

■ 준비물

켄트지, 사인펜, 수채화 도구

■ 활동 순서

(1) 도화지에 다양한 크기와 여러 위치에 자유롭게 50개의
    점을 세어 찍는다.
(2) 찍힌 점들을 살펴보고 점끼리 선으로 이어 원하는 형
    태를 그려 완성한다.
(3) 그려진 형태에 색을 채워 그림을 완성한다.

■ 작업 사진

④ 종이접기

■ 목표 및 기대효과

1. 종이를 순서에 따라 정확하게 접는 과정에서 단계적 사고를 기를 수 있다.
2. 종이를 손으로 직접 접어 제작하여 소근육 발달에도 도움을 준다.

■ 준비물

색종이, 색연필, 사인펜, 풀, 가위

■ 활동 순서

(1) 종이를 접어 나를 꾸며 보기 위해 색종이를 세 장 고른다.
(2) 한 장으로 각자 성별에 맞는 얼굴 접기를 한 후 눈, 코, 입을 그려 꾸며 준다.
(3) 또 다른 한 장으로 저고리 접기를 한다.
(4) 마지막 색종이로 바지 접기를 한 후 먼저 접은 저고리와 얼굴에 끼우고 붙여 나의 모습을 완성한다.

■ 작업 사진

⑤ 나만의 미술관

■ 목표 및 기대효과

1. 명화를 보고 그리면서 모사력의 향상에 도움을 준다.
2. 다양한 명화를 감상하면서 미술적 지식 향상에 도움을
   준다.

■ 준비물

도화지, 크레파스, 물감, 색연필 등 채색도구 그림자를 설
명할 수 있는 자료, 단순한 형태의 물건(컵, 상자 등), 연필,
지우개

■ 활동 순서

(1) 마음에 드는 작품을 하나 선정해 10분 이상 감상한다.
(2) 본 그림을 그대로 따라 그려 본다.
(3) 그림 속에 있는 장소와 인물이 누구일지 추측한 후 적어
   본다.

■ 유의사항

너무 복잡하거나 어려운 그림자 제시 그림은 피한다.
처음에 연필과 지우개를 사용하여 그린 후 채색한다.

■ 작업 사진

1.    2.

⑥ 그림자 그리기

■ 목표 및 기대효과

1. 빛과 그림자의 방향을 관찰하여 그려 보면서 관찰력을 키운다.
2. 기초지식 향상에 도움을 준다.

■ 준비물

도화지, 크레파스, 물감, 색연필 등 채색도구 그림자를 설명할 수 있는 자료, 단순한 형태의 물건(컵, 상자 등), 연필, 지우개

■ 활동 순서

(1) 빛과 그림자의 관계에 대한 기초지식을 쉽게 설명한다.
(2) 빛 방향과 물체가 그려진 제시 그림을 보여준다.
(3) 알맞은 그림자의 방향을 생각해 본 후, 그림으로 그려 표현한다.
(4) 단순한 형태의 물건을 제시하여 그림자를 표현해 봐도 좋다.

■ 작업 사진

1.

2.

⑦ 퍼즐 맞추기

■ 목표 및 기대효과

1. 정확하게 판단하고 기억하는 능력을 기를 수 있다.
2. 관찰력을 기를 수 있다.

■ 준비물

켄트지, 색연필 등 채색도구, 가위

■ 활동 순서

(1) 가장 좋아하는 곤충을 자유롭게 그려 본다.
(2) 그림을 완성한 후 도화지 뒷면에 퍼즐 모양을 그린다.
(3) 퍼즐 모양대로 그림을 오린다.
(4) 오린 조각들을 섞은 후 뒤집어 처음 그림대로 맞춘다.

■ 작업 사진

1.

2.

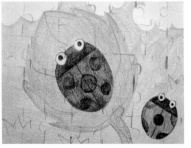

⑧ 탑 만들기

■ 목표 및 기대효과

1. 탑의 구조를 자세하게 관찰하면서 분석능력을 키운다.
2. 나만의 탑을 설계해 보며 조직성, 계획성을 키우고 재현 작업을 통해 형태 재인 능력을 향상한다.

■ 준비물

찰흙, 조각도구, 켄트지, 연필

■ 활동 순서

(1) 다양한 탑의 참고 사진을 보며 탑의 구조에 대해 자세히 관찰한다.
(2) 도화지에 나만의 탑을 설계하여 그려 본다.
(3) 그려진 탑을 찰흙을 이용해 건축해 본다.
(4) 완성된 탑을 관찰하고 구조가 튼튼한지 이야기한다.

■ 작업 사진

1.

2.

⑨ 면이 입체로 변해요

■ 목표 및 기대효과

1. 종이를 자르고 붙여 형태를 만들어 보며 형태 지각능력을 향상시킬 수 있다.
2. 각각에 알맞은 면에 스케치를 구상해 그려 추리력을 향상시킨다.

■ 준비물

켄트지, 크레파스 혹은 색연필 등 채색재료

■ 활동 순서

(1) 준비된 도안을 오린다.
(2) 그리고 싶은 사람을 정한 후 각 면의 알맞은 곳에 그린다.
(3) 다 그린 후 접어 형태가 맞는지 확인해 본 후 다시 접어 붙여 완성한다.

■ 유의사항

미리 스케치된 도안을 준비하도록 한다.

1.

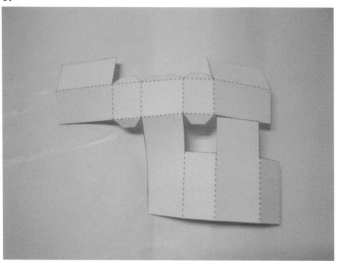

2.

⑩ 나만의 책 만들기

■ 목표 및 기대효과

1. 책을 직접 만들고 편집하는 과정을 통해 지능적 사고를
   기를 수 있다.
2. 자기만의 단 하나뿐인 책을 쓰고 그림을 그려 제작해 자아
   존중감을 키운다.

■ 준비물

색도화지, 크레파스 혹은 색연필 등의 채색재료, 풀, 가위,
각종 꾸미기 재료

■ 활동 순서

(1) 책을 읽고 줄거리를 요약한다.
(2) 도화지를 반으로 접고 도화지 왼쪽 끝의 1cm를 표시하고
    접는다(가장자리의 접힌 1cm는 도화지들을 이어 붙일
    자리이다).
(3) 내용을 구성하고 싶은 만큼 도화지를 접어 이어 붙인다.
(4) 책의 내지에 줄거리를 적고 어울리는 그림을 그린다(원
    한다면 팝업으로 만들어도 된다).
(5) 책의 앞뒤 표지를 꾸미고 완성한다.

▣ 작업 사진

1.

2.

3.

4.

PART 04

부모교육

부모교육

Ⅰ. 부모교육의 개념 및 필요성

아이를 낳게 되면 자동으로 얻어지는 명칭이 '부모'인데 부모가 아동발달에 중요한 역할을 한다는 것은 명백한 일이지만 부모로서의 역할 수행을 위한 기술을 습득할 필요가 있다는 인식은 상당히 최근에 와서야 이루어진 일이다. 부모의 양육행동이 자녀가 성장하면서 갖게 될 관계뿐만 아니라 자녀가 갖게 될 부모역할 유형도 결정하게 되기 때문에 올바른 부모역할과 양육방식은 매우 중요하며 필요한 경우 부모도 교육을 받아야 한다.

초기 어머니와의 상호작용을 통해 형성된 애착과 대상표상에 따라 아동은 자신과 타인에 대한 지각에 영향을 받으며, 타인과의 관계 형성에도 영향을 미친다. 따라서 초기 어머니와의 상호작용은 다른 어느 시기보다도 중요하며 아동과 상호작용하는 어머니의 반응 또한 매우 중요하다. 아동의 정서행동 문제가 초기 영아기 때부터 어머니와의 상호작용 속에서 형성되고, 부적절한 상호작용은 위축, 우울, 비행, 공격성 등 다양한 정서행동 문제를 초래하게 되며, 이러한 증상은 학업이나 사회성에 어려움을 겪게 되어 이것이 청소년기, 성인기의 성격적 결함으로 이어진다.

부모교육은 자녀에 대한 이해와 지식을 증진시켜서 자녀 양육에 있어서의 효과적인 방법과 기술을 익히도록 돕고 부모역할을 수행함에 있어 바람직하고 긍정적인 방향으로의 변화를 모색하게 한다. 일반적으로 부모교육은 자녀의 안정과 건강한 삶의 양식을 형성하고 바람직한 행동들이 조건화하는 것을 자녀교육의 목적으로 보았으나 최근에는 자녀의 개성과 행복을 추구하는 삶의 질에 보다 많은 중점을 두고 있다.

부모교육은 부모와 자녀 사이의 민주적인 인간관계 성립, 부모의 올바른 자녀 양육관 확립, 자녀에 대한 올바른 이해, 부모역할을 위한 바람직한 기술을 획득할 수 있도록 해 준다. 즉, 가정 내에서 자녀를 효과적으로 양육하기 위한 방법을 익히도록 부모를 교육함으로써 부모에게 자녀 양육에 관한 도움을 제공하는 것이며, 궁극적인 목적은 자녀에게 바람직한 성장환경을 제공하고 인간관계의 기초가 되는 가정에서 부모와의 원만하고 긍정적인 관계를 가짐으로써 자녀의 건강한 발달을 도와주고자 하는 것이라 할 수 있다. 부모교육은 교육을 받은 부모나 그들의 자녀에게(부모 자신의 자기 통제력 수준이 높아지고 자녀행동의 이해와 수용적인 양육태도로 변화시켰으며 부모의 민주적인 양육행동을 증진시킴) 긍정적인 영향을 미친다.

현재의 한국 엄마들은 엄마의 역할을 똑똑히 하는 것을 가장 중요한 모성의 가치로 규정하고 있으나 아이를 경쟁적·물질적·소비적으로 키우고 그 결과 아이들이 심리적으로 건강하게 자라지 못하는 부작용이 생겼다. 따라서 부모들에게 자녀의 다양성을 존중하고 삶의 방향과 가치, 사람과의 관계를 풀어 나가는 지혜 등과 같은 부모 노릇을 가르쳐 주는 부모교육이 필요하다. 또 급변하는 현대사회의 부모는 자녀를 양육할 때 참고로 할 적절한 모델이 적고, 바람직한 부모역할에 대한 상충적인 정보가 공존하기에 현대의 문화와 대중매체가 비현실적인 부모상과 부모역할에 대한 허상을 갖게 하는 경우가 많고, 또한 부모역할은 자녀의 성장과 발달에 많은 영향을 주기 때문에 부모교육이 필요하다.

Holden과 Ritchie(1988)는 아동에게 긍정적인 영향을 주는 부모역할에 관한 연구들을 검토하여 3가지 부모역할로 요약하였는데 양육역할(caregiving role), 관리역할(management role), 발달자극역할(nurturing role)이다. 부모의 양육역할은 안정애착, 순응과 협력, 환경에 대한 통제감, 자존감, 도덕 및 친사회적 발달, 인지적·언어적 발달, 여러 종류의 사회적 반응성, 사회적인 주장성 등에 영향을 미친다. 부모의 관리역할은 순응과 협력, 자기통제와 내면화, 친사회성 발달, 자존감, 인지적·언어적 발달, 도덕발달 등에 영향을 미친다. 마지막으로 부모의 발달자극역할은 아동의 순응과 협력, 자기 통제감과 내면화, 이타심과 감정 이입, 자존감, 인지적·언어적 발달, 도덕발달, 여러 종류의 사회적 반응성, 사회적인 주장성에 영향을 미친다.

II. 아동발달단계별 부모역할

부모가 되어 자녀와의 관계에 있어서 현실적인 변화에 대한 책임감과 능력이 있는지 고려해 본 다음에 부모 되기를 결정해야 할 만큼 부모가 된 후에 감당해야 할 역할과 책임은 매우 중요하다. 발달단계에 적합한 환경적인 자극들과 경험들의 제공이 더 큰 발달을 가져오게 하거나 지체된 부분을 끌어 올려 발달시킬수 있다는 점에서 발달단계에 맞춘 교육은 가정이나 교육기관에서 중요하다. 아동은 의존적인 상태로 출생하여 신체적으로 크기가 커지고 사고가 확장되며 외부세계에 반응하는 방법을 습득하게 되어 점차 독립된 자신만의 정체감을 형성해 나간다. 이러한 과정에서 타고난 유전적 요인뿐 아니라 여러 환경적 요인의 영향을 받게 되는데 그중에서도 아동과 가장 가까이에서 생활하는 부모는 자녀의 성장과정에 여러 가지 방식으로 참여하며 많은 영향을 미치게 된다. 아이가 성장하면서 자녀의 요구는 달라지고, 부모 또한 자녀의 변화하는 요구와 행동에 맞추어 부모 자신의 변화도 필요하다. 이런 부모-자녀 간에 효율적인 상호작용이 이루어지기 위해서는 자녀의 성장과정에 따른 단계별 발달 특성을 이해하여 그들의 욕구를 적절히 충족시켜 주고 아동의 성장과정에 적절히 개입하여 바람직한 방향으로 지도해 나가야 한다. 다음에는 자녀의 발달단계에 따라 부모의 역할은 어떻게 달라지고, 그 역할을 훌륭히 수행하도록 도움을 줄 수 있는 부모교육은 어떤 것이어야 하는지에 대해 살펴보기로 한다.

1. 영아기 발달과 부모역할

1) 영아기 발달

넓은 의미에서 영아기란 출생 후부터 2주 혹은 1개월까지의 신생아기 그리고 18개월부터 36개월까지의 걸음마기를 포함하는데 이 시기는 신체적 급등기라고 불릴 정도로 신체적인 성장이 급속하게 이루어지는 시기이다. 특히 혼자서 움직이거나 먹거나 말할 수도 없는 등 많은 부분에서 상당히 의존적이고 수동적인 존재로 태어나 3년 동안 점차 혼자 걸을 수 있게 되고, 이가 나서 음식을 씹어 먹을 수 있게 되며, 언어를 사용할 수 있게 되면서 의사소통이 가능해지는 등 많은 변화가 나타난다.

이후의 사회성 발달을 위해 부모와 애착을 형성하는 것이 필요하며 인지발달을 촉진시키기 위해 여러 감각 자극들이 필요한 시기이다. 이와 동시에 어머니와 분리된 하나의 개체임을 깨닫고 자신의 개인적 능력을 과시하고자 끊임없이 노력하는 시기이다.

2) 영아기 부모역할

영아기의 부모는 양육단계에 해당되며 자녀 출생 후 애착 관계를 형성하는 단계이다. 이 시기에 부모는 자신의 실제 경험과 출산, 자녀, 자신에 관한 부모상을 비교하게 되는데 이 단계에서 부모들은 자녀에 대한 기대와 현실 간의 차이에 적응하고 부부관계나 자신의 부모와의 관계 등을 재정립하는 것이 필요하다.

① 부모역할에 대한 적응과 양육자의 역할

부부가 아기를 가짐으로 인해 남편과 아내만의 단순한 관계의 상호작용 유형에서 보다 복잡한 형태로의 변화가 초래된다. 첫아이의 출생과 함께 '상호작용하는 개인들의 통합체'라는 의미의 가족이 성립되는데 부모 역할로 변화되는 것은 기대하는 것만큼이나 쉽거나 편한 것이 아니다.

정상적인 태내 환경은 온도, 양분 등이 거의 완벽하게 이루어져 있으나 출생 이후 신생아는 무력한 존재이며 성인에게 전적으로 의존함으로써 생존이 가능하다. 그러므로 양육자로서의 역할 수행은 다른 동물에 비해 의존기간이 긴 인간의 생존과 성장에 필수적이다.

② 기본적 신뢰감과 자율성의 발달

에릭슨은 기본적인 신뢰감의 형성은 영아기의 중요한 발달과업이라고 하였다. 이 시기에 어머니는 영아의 여러 가지 욕구에 대해 민감하게 반응하고 이를 충족시켜줌으로써 아동은 주변의 세계나 인간관계에 대해 신뢰감을 갖게 된다. 영아는 세상이 안전하고 살아갈 만하다는 믿음을 갖게 되며, 이러한 감정은 사회성 발달에 필수적이다. 이러한 과정에서 양육자는 아기의 변화나 요구에 대해 민감하게 알아차리고 즉각적으로 적절한 반응을 해 주며 일관성 있는 태도로 임하는 것이 필요하다.

③ 다양한 감각 자극의 제공

영아기의 인지적 특성은 감각운동적 지능이다. 시각, 청각, 후각, 미각, 촉각적 자극을 제시하거나 감각의 협응 능력을 발달시키기 위해 두 가지 이상의 자극을 동시에 제공하는 등과 같은 풍부하고 다양한 감각적 자극을 제공하여 인지발달을 촉진시켜 주면 좋다.

2. 유아기 발달과 부모역할

1) 유아기 발달

유아기는 3세부터 초등학교 입학 이전까지의 시기를 말하는데 신체적인 성장은 영아기보다 완만하지만 꾸준하게 증가를 한다. 대근육 운동기술 및 소근육 운동기술과 같은 여러 운동기술 능력을 갖추게 되며 크게 증진된다.

그리고 인지능력이 발달하여 눈앞에 존재하지 않는 대상을 기억할 수 있는 표상능력이 발달하고 상상과 환상이 풍부해지는 시기이다. 또한 주변 환경에 대한 탐색이 활발해지고 많은 어휘를 습득하여 다른 사람과의 의사소통도 활발해지며 이러한 능력을 이용하여 발달하는 놀이는 유아기의 중요한 과업이 된다. 놀이를 통해 자신이 새로 습득한 기술을 실제로 적용해 보고 발전시켜 나가며, 일상생활에서의 긴장감을 해소시켜 나간다. 또한 자기주장이 강해지고, 자아의식을 갖게 됨으로써 좀 더 자율적이고 독립적이 되어 가며, 성에 대한 호기심이 차츰 증대하여 자신이나 부모, 형제자매, 친구의 성별에 관심을 보이게 된다. 동시에 부모의 사랑과 관심을 독차지하려는 경향이 나타나 형제자매나 동성의 부모가 경쟁의 대상이 되기도 한다. 이러한 과정에서 부모의 태도나 가치를 자신의 것으로 받아들이는 동일시가 강하게 나타나며 이는 이후에 형성되는 초자아의 기본이 된다.

2) 유아기 부모역할

유아기 자녀의 부모역할로서 가장 중요한 것은 아이가 주변 환경과 바깥 세상에 적극적으로 도전하여 자신의 세계를 구성하면서 야망과 포부를 키우도록 격려하고 환경을 꾸며 주는 일이다. 동시에 사회적인 존재로서 필요한 기초적인 인격을 형성하도록 훈육하는 일이다. 환경에 대한 자발적 도전과 부모로부터 받게 되는 훈육은 유아기 발달에 균형을 이루게 해 준다. 부모는 자녀가 발달과업을 원만하게 수행할 수 있도록 유능한 조력자로서의 역할을 해 주어야 한다.

또 유아를 둔 부모는 권위단계에 해당되며 이 시기의 자녀는 다양한 기술을 숙달하려는 노력을 나타내는데 이러한 발달적 변화와 더불어 행동의 옳고 그름, 적절성과 부적절성 등을 결정하는 것도 부모역할 중 매우 중요한 것이다. 그리고 부모는 자녀와 의사소통하는 방법과 부부가 자녀에 대해 의논하는 방법도 배워야 한다.

① 보호자 및 양육자 역할

－주도성이 발달되는 유아기에는 안전하고 자유로운 탐색 환경을 제공하는 것이 필요하기 때문에 부모는 아이에게 안전한 환경과 가정의 정서적인 분위기 조성을 마련해 주어야 한다. 위험성 있는 물건을 만지려 할 때, "안 돼"라는 말보다는 왜 안 되는지 유아가 알아들을 수 있도록 설명해주고 확실하게 위험에 대해 주의를 주는 것이 필요하다.

이 시기의 아이에게는 어른이 만든 환경에 적응할 것을 요구하지 말아야 한다. 따라서 깨지기 쉽거나 아이의 손이 닿지 않아야 할 물건은 아이의 손이 닿지 않는 곳에 옮기고 마음껏 주위 환경에 대한 탐색이 이루어지도록 하여 아이들에게 안전한 놀이 장소를 제공해 주어야 한다. 유아는 스스로 할 수 있는 능력이 발달하기 때문에 부모는 지나친 간섭을 피하고 일관성 있는 규칙을 제시하며 부모 자녀 간에 신뢰감과 애정이 증진되도록 노력해야 한다.

② 훈육자 역할

－유아기에는 대근육과 소근육이 어느 정도 발달되므로 초등학교 준비를 위한 식사하기, 배변훈련, 수면습관과 같은 신변 처리 능력을 훈련시켜 습관화하는 것이 필요하다. 식사

습관은 현대 유아들에게 나타나는 비만 현상을 방지하기 위하여 적절한 칼로리의 식사를 제공하고 적당한 운동을 하도록 한다. 배변훈련은 보통 18개월에서 24개월 사이에 시작되는데 아동이 배변 의사를 표현할 수 있게 되면 유아용 변기로 유도하여 기분 좋게 배변을 볼 수 있도록 해줘야 하며 대소변을 가리게 되면 화장실을 이용하는 습관을 길러 주어야 한다. 이때 화장실의 분위기는 밝고 재미있게 꾸며 주고, 부모는 인내심을 가지고 기다려 주는 태도가 필요하며 배변 행동이 성공한 경우 충분한 강화를 해 주고, 실패한 경우에도 화를 내거나 벌을 주는 일은 삼가야 한다. 수면 습관은 잠자리에 들기 전에 야단을 치거나 벌을 주지 말아야 하며, 유아는 11~12시간 정도의 수면이 필요하므로 낮잠을 규칙적으로 재움으로써 심신의 피로가 회복되도록 해야 한다. 그러나 쉽게 잠자리에 들지 못하는 아이는 잠자기 전에 목욕을 시키거나 낮에 충분한 운동을 하게 하고 낮잠을 재우지 않는 것이 좋다. 훈육자로서의 부모는 부모가 자녀의 행동을 어떻게 조절하게 해주냐 하는 것인데 자녀를 훈육하기 위한 상과 벌을 올바르게 사용해야 하는 것은 매우 중요하다.

③ 자아 개념 발달 촉진자 역할

－유아기에 가장 중요한 과제 중 하나는 긍정적인 자아 개념(성장하면서 경험을 통해 습득한 자기 자신에 대한 개념)을 형성하는 것인데 그가 속한 환경 내의 의미 있는 사람들과의 상호작용을 통하여 발달시켜 나간다. 자아 개념이 일단 형성되면 모든 것을 자아 개념을 통해 보고, 듣고, 평가하기 때문에 부모는 유아의 긍정적인 자아 개념을 형성하기 위하여 수용하고 존중하며 안정된 환경을 제공해야 한다.

④ 언어적 상호작용

－유아기는 어휘 수가 급격히 증가하고 문법이 발달되는 시기이므로 아동의 이야기를 잘 들어주고, 이야기도 많이 들려주고 충분한 대화시간을 가지는 것과 같은 충분한 언어적 상호작용이 필요하다. 부모가 하는 말이 유아에게는 좋은 모델이 되기 때문에 바른말을 쓰도록 해야 하고 부모는 유아에게 충분한 표현의 기회를 제공해 주어야 하며, 유아가 말한 내용에 다소 첨가하여 보다 완전한 문장으로 확장시켜 주는 것도 좋다. 또한 유아는 자신이 경험한 바를 언어로 표현하므로 충분한 경험이나 다양한 자료를 제공해 주는 것이 바람직하다.

유아기 사고의 특징상 유아는 끊임없이 '왜'라는 질문을 하는데 부모는 질문을 귀찮게 여기지 말고 인내심을 가지고 반응하면 자연스럽게 언어적 상호작용이 이루어질 수 있으며, 이를 통해 유아의 언어능력이나 지적 능력의 발달을 도울 수 있다.

⑤ 학습기회나 지적 자극의 제공

－유아기는 지적·정서적·사회적 능력 발달의 기초를 마련하는 시기로 유아는 환경과 경험을 통해서 학습하기 때문에 풍부한 학습경험의 제공이 중요하다. 또래와의 관계, 놀이, 환경과의 상호작용 경험 등이 유아의 학습에 중요하며, 부모가 유아의 호기심에 어떻게 반응하는가 하는 것이 학습경험에 많은 영향을 준다. 또한 다양한 생활환경의 경험, 즉 백화점이나 시장, 박물관, 미술관, 동물원, 식물원 같은 곳을 부모와 같이 가보는 것도 아동의 인지발달에 큰 영향을 미친다.

⑥ 자율성과 주도성 발달의 조력자 역할

－유아기는 신체성장과 근육운동의 발달이 현저하게 이루어지고 비교적 자율적으로 행동하고 자신의 몸을 스스로 조절할 수 있다는 것을 알게 된다. 그래서 유아는 새로운 일을

주도적으로 해 보려는 경향이 많아지고 환경에 호기심을 가지면서 주변 환경을 적극적으로 탐색한다. 유아가 새로운 일을 완성하고 성공을 경험하게 되면서 주도성을 발달시키게 되고 새로운 시도를 계속 확대해 나간다. 또 자신 능력에 대한 확신을 가지게 되고 부모가 스스로 행동하려는 유아를 칭찬하고 격려하면서 자율성과 긍정적인 자아 개념과 자아존중감을 발달시키게 되는 반면 자주 실패를 하거나 금지를 당하거나 지나치게 억압하거나 조롱하면 수치심과 의심, 죄의식이 생기고 자신에 대한 부정적인 개념을 형성한다.

따라서 부모는 유아의 행동에 대한 지나친 자제를 삼가고 유아가 새로운 환경을 주도적으로 탐색하려 할 때마다 유아의 노력을 주목하고 지지하고 도와주어야 하며 유아의 끝없는 질문에 반응함으로써 유아의 지적 호기심을 유발해야 한다. 부모는 유아들에게 스스로 해낼 수 있는 작은 과제들을 제시해 줌으로써 유아기의 많은 경험을 가질 수 있도록 도와주어야 한다.

3. 아동기 발달과 부모역할

1) 아동기의 발달

부모와 자녀가 상호작용하는 방식은 자녀의 발달단계에 따라 달라지는데 만 7세에서 12세의 아동기는 신체운동기능, 사회도덕적 행동, 인지능력 등에서 많은 변화가 일어나며 유아기와 달리 차츰 독립적인 행동과 생활이 크게 증가한다. 생활의 중심이 가정에서 학교로 이전되며, 학교생활을 통해 아동은 많은 사회적 관계를 형성하게 되어, 또래집단의 비중이 점차 커지게 되므로 이 시기를 학동기 또는 도당기(gang age)라고도 한다. 아동기는 또래친구와 밀접한 유대를 갖고 인간관계기술을 습득하게 되는 시기로 또래관계는 주로 놀이를 중심으로 형성되고, 학교에서 부과하는 과제나 학습을 중심으로 이루어지기도 한다. 폭넓은 또래관계와 깊이 있는 우정을 경험하면서 대등한 인간관계 유지에 필요한 사회적 기술을 잘 익히도록 도와주는 일은 아동기 부모의 중요한 역할이다. 또한 아동기는 학령 전기와 사춘기의 격렬한 동요에 비해 상대적으로 조용한 시기라는 점에서 잠복기라고도 한다. 표면적으로는 조용하게 보이지만, 아동기의 에너지는 내부적으로 조작능력을 획득하고 급격한 인지발달을 이루기 위해 사용된다. 운동능력이나 언어능력을 습득하게 됨으로써 자신의 욕구도 쉽게 표현하고, 이를 스스로 해결해 나갈 수 있다. 외부세계에 대한 그들의 관심을 확장시키기도 하며, 부모나 다른 성인에 대해 동료의식을 발전시켜 나가게 된다. 점차 자기중심성을 극복하면서 사물에 대한 이해가 구체적인 문제에 대해서는 상당히 논리적이고 귀납적인 사고를 할 수 있게 된다. 이전과 같은 급속한 변화가 눈에 띄게 나타나는 것은 아니지만 신체적인 성장도 꾸준하게 이루어지면서, 이미 획득된 지각이나 운동기술이 점차 세분화되고 정교화되는 시기인데 빠른 아이들 중 특히 여아의 경우는 2차 성징이 나타나기도 한다.

2) 아동기의 부모역할

이 시기의 중요한 과업은 자녀에게 세상을 해석해 주는 것인데 이 과정에서 부모는 자녀가 자아 개념을 형성하도록 돕고, 자녀에게 기술과 가치를 가르쳐야 한다.

① 격려자 역할

- 부모와 자녀 사이의 상호작용이 점차 신체적인 것에서 심리적인 것으로 바뀌어 가므로 심리적 형태의 양육이 요구되며, 아동이 타인과의 접촉과 경험이 많아짐에 따라 부모는 자주 격려자의 역할을 하게 된다.

② 인내력과 근면성 발달

- 아동기에는 일을 꾸준히 해낼 수 있는 인내력과 근면성을 키워야 한다. 이 시기는 공식적인 교육기관에 속해서 학습을 시작하고, 학습에서의 성공 여부가 성취감 획득에 결정적인 역할을 하는 시기가 되므로 부모가 적절한 도움을 주어 학습을 꾸준히 해내고 성공경험을 가질 수 있도록 해 주어야 한다. 부모는 아동에게 성취감을 맛보게 해 주는 적절한 수준의 과제를 제공해 주는 것이 필요하다. 또한 가급적 다른 아동과의 비교를 삼가고 남보다 앞서기를 강요하기보다는 남과 다르게 되라고 가르칠 때, 남이 갖지 못한 자신만의 장점을 인정하고 재능을 키워 나갈 수 있다.

부모는 근면성 발달을 위해 지적 발달을 위한 환경을 제공해 주는 것이 필요하다. 학교에서 구조화된 학습환경을 제공해 주지만 아직도 가정이 중요한 학습의 장이다. 조용한 가정 분위기를 조성해 주고 과제를 도와주는 자료를 제공해 주거나 어려운 과제를 도와주는 등 도움이 필요하다. 동시에 이러한 과정에서 경험하는 정신적 압박으로부터 벗어날 수 있도록 격려해 주는 태도도 필요하다. 적은 시간과 양의 공부라도 규칙적으로 꾸준히 하도록 지도하며 이때 자녀를 위해 적절한 칭찬과 격려를 많이 해주어야 하고, 계획대로 공부를 마치고 난 다음에 자녀가 좋아하는 활동을 하도록 배려해야 한다.

③ 책임감 기르기

－아동이 책임감 있게 성장하도록 하기 위한 효과적 양육 전략으로 부모는 자연적 귀결 및 논리적 귀결을 사용할 수 있다. 자연적 귀결이란 아동이 일상생활을 통해 스스로 선택함으로써 자연적으로 문제를 해결하거나 잘못된 행동의 결과를 직접 체험하는 것을 말한다. 이와는 달리 논리적 귀결에서는 아동이 문제 상황에서 선택에 따라 발생하는 상황을 논리적으로 설명해 주고 아동이 결정하도록 한다.

④ 놀이와 학습의 조화

－아동기에는 규칙적인 학습 습관을 형성하는 것이 중요

하나, 부모가 놀이와 학습이 조화를 이룰 수 있도록 배려해 주는 것도 중요하다. 놀이는 생활에서 쌓인 스트레스를 해소하여 원만한 인격을 형성하도록 할 뿐 아니라 놀이를 통해서 아동들은 많은 것을 배운다. 혼자 하는 놀이뿐 아니라 또래들과 어울려 함께하는 놀이를 통해 협동심과 지도력을 기르게 지도해야 한다.

⑤ 또래와의 상호작용

－부모는 자녀가 어떤 또래집단에 소속해 있는가에 대해 신경을 써야 하며 또래집단에 소속되지 못한 아동에 대해서도 대책을 세워야 한다. 거부되는 아동에게는 또래 간에 지켜야 할 규율이 있음을 이해시키고 자신의 주장을 관철시키기 위해 공격성을 행사하는 것을 자제하도록 하고 의사소통 방법을 가르쳐 주는 것이 좋다.

⑥ 학교생활의 지도

－부모는 교사를 존경하고 학교를 긍정적인 시각에서 보는 것이 필요하다. 또한 아동에게 문제가 있는 경우 부모는 아동의 지지자로서의 역할을 수행해야 하며, 이를 해결하기 위해 부모는 학교와 긴밀한 유대관계를 형성하는 것이 좋다.

학교를 자주 지각하는 것은 변화시킬 수 없는 습관이 된다. 대부분의 학자들은 이를 가르치는 과정에서 아동의 독립성을 강조한다. 자명종 시계를 구입해서 아동에게 시간을 설정하게 가르쳐 주고 늦은 결과에 대해서는 아동이 책임을 지게 하도록 한다. 숙제에 대해서도 아동 자신이 해결하도록 독립적인 원칙을 고수한다.

* 소아정상발달표

연 령	운 동	적 응	언 어	개인 - 사회적 행동
4주	손은 주먹을 쥔 상태	중앙선까지 쫓아 볼 수 있다	보고 웃는다 옹아리를 한다	얼굴을 빤히 쳐다본다 소리에 반응한다
16주	엎어 놓으면 머리를 수직으로 든다 머리를 가눈다	물체를 쥘 수 있다	큰 소리로 웃는다 짧게 재잘거린다	낯선 환경을 알아차린다 음식을 보면 좋아한다
28주	앞으로 기울이고 앉는다 뒤집는다	다른 손으로 장난감을 옮겨 준다 장난감을 흔든다	'마', '바' 소리를 낸다 다음 절 소리를 낸다	발을 입에 가져간다 낯선 사람에게 부끄럼을 탄다
40주	혼자 앉는다 기어 다닌다 붙잡고 일어선다	숨겨진 장난감을 찾는다 엄지와 집게손가락을 사용한다	이름을 부르면 반응한다 '엄마, '아빠'를 말한다	'까꿍', '짝짜꿍', '빠이 빠이'를 한다
12개월	혼자 선다 손잡고 걷는다	엄지와 집게손가락으로 정확히 집는다 달라고 하면 장난감을 준다	'엄마', '아빠' 외의 단어를 말한다	옷을 입을 때 협조한다 컵으로 마신다
15개월	혼자 걷는다 계단을 기어 올라간다 공을 발로 찬다	그리는 시늉을 한다 2개의 정육면체를 쌓는다	3~5개의 단어를 말한다 신체 부위를 말한다	손가락질을 한다 집안일을 돕는다
18개월	한 손을 잡고 층계를 올라간다 뒤뚱거리며 뛴다	3개의 정육면체를 쌓는다 자의로 그림을 그린다	그림을 보고 이야기 하는 흉내를 낸다 10개의 단어를 말한다	흘리면서 혼자 먹는다 소변을 보고 알려 준다

2년	잘 뛴다 계단을 오르내린다	6개의 정육면체를 쌓는다 수평선을 그린다	짧은 문장을 말한다 그림을 보고 이름을 말한다	숟가락질을 한다
3년	세발자전거를 탄다 한쪽 발로 잠깐 선다	원과 십자가를 보고 그린다	자신의 성별, 이름을 말한다 셋까지 센다	양말과 신발을 신는다 손을 씻는다
4년	가위질을 한다 한쪽 발로 뛴다	4각형을 보고 그린다 몸의 세 부분을 그린다	의사대로 이야기한다 전치사를 안다 반대말을 안다	양치질, 세수를 한다 다른 아이와 협조적으로 논다
5년	한 발을 번갈아 올리고 뛴다 줄넘기를 한다	몸의 여섯 부분을 그린다 열까지 센다 삼각형을 보고 그린다	기본 색을 안다 단어의 의미를 물어본다	혼자 옷을 입고 벗는다 다른 아이와 경쟁적인 놀이를 한다

출처: 소아과학(2005)

III. 부모효율성훈련(PET: Parent Effectiveness Training)

1. PET의 배경

부모효율성훈련(PET: Parent Effectiveness Training)은 미국의 임상 심리학자인 토마스 고든(Tomas Gordon)이 개발한 부모교육 프로그램이지만 그 이론적 배경으로는 1950년 초 로저스가(Rogers) 창안한 인간 중심 치료 기법과 Dewey의 문제해결을 위한 과학적 절차와 단계, Ivey의 의사소통기법, Carkhuff의 조력기술들을 들 수 있다. 그러나 궁극적으로 PET는 특정

이론만을 따르지 않고 여러 이론을 접목시킨 것이다.

고든은 시카고 대학교에서 정서적·지적으로 문제가 있는 어린이들을 치료해 오는 동안 자신이 배운 정신의학적인 지식이 맞지 않음을 발견하였다. 이런 임상적 경험에 따라 고든은 어린이의 정서적인 문제는 정신의학적인 문제로 다루어질 것이 아니라 부모-자녀 간의 관계에서 생기는 문제로 보아야 하며 양자의 관계를 개선시킬 수 있는 방법을 부모들에게 교육해야 효과적이라는 생각에 부모-자녀 관계 향상에 초점을 두게 되었다. 그래서 고든은 일부 심리치료사에게만 통용되어 오던 인간관계에 관한 지식이나 기술을 부모에게 적용하여 교육하기 시작하였다. 그는 부모-자녀 관계는 애정과 존경에 바탕을 둔 따뜻하고 절친한 관계여야 하며 부모-자녀 간의 온정적인 관계를 유지하지 못할 때에는 양자의 상호작용 방식을 면밀히 검토해 볼 필요가 있다고 하였다. 발달된 양육지식과 기술을 활용하지 못하고 전통적인 양육방식을 답습하거나 부모라는 지위와 한 인간으로서의 한계라는 이율배반적인 부모역할 갈등을 경험한다거나 부모-자녀 관계를 수직관계로 보는 성인 중심의 인간관 등으로 인해 효과적인 의사소통 기술을 사용하지 못하는 것이 부모-자녀 관계에 부정적인 영향을 미친다고 할 수 있다.

PET는 반영적 경청(Active Listening), 나－전달법(I－Message), 무승부 방법(No－Lose)이 중심을 이루고 있다. 자녀에게 문제가 있는 경우에 자녀를 돕는 기술로 '반영적 경청'을 활용하고 부모가 문제가 있는 경우에는 그 문제에서 벗어나는 기술인 '나－전달법' 그리고 부모와 자녀 사이에 존재하는 갈등을 해결하는 기술인 '무승부 방법'이 핵심이다.

PET는 부모－자녀관계가 원만해지기 위해서는 효율적인 의사소통을 해야 하는데 이를 위한 기술이 필요하다고 본다. 따라서 다음과 같은 교육을 8주에 걸쳐 실시한다.

1) 부모－자녀관계에 대한 견해

고든은 부모들의 양육태도에 있어서 자녀를 수용하는 폭을 넓히고 자녀행동에 대한 구체적인 의사소통 기술들을 습득하여 갈등 해결을 하는 것을 강조하였다. 대부분의 부모들은 의사소통에 장애가 되는 언어적 표현을 하기 때문에 자녀들과의 관계가 나빠진다고 보고 부모와 자녀 간에 지켜야 할 기본적인 의사소통 과정에서 피해야 할 12가지 형태를 제시했고 자세한 내용은 이후의 '반영적 경청' 부분에 나와 있다.

2) 부모역할 훈련의 필요성

부모역할에도 훈련이 필요하다. PET를 통해서 다양한 상황에서 자녀와 총체적 관계를 맺고, 이를 유지하는 방법에 대한 포괄적인 원리를 이해한다. 부모들은 자녀의 양육에 있어 적합한 방법과 기술뿐 아니라 언제, 어떤 목적으로 이 방법을 왜 사용하는 것인지를 이해하여 부모들 스스로 전문가가 되어 모든 부모와 자녀관계에서 발생할 수 있는 불가피한 문제들을 해결할 수 있다.

또 부모도 감정을 지닌 사람이다. '부모'라는 성스러운 영역에 들어섰으나 부모는 신이 아니라 사람이다. 무조건적으로 받아들이고, 일관성을 유지하기보다는 부모는 자신의 감정에 따라 솔직하고 분명한 메시지를 보내는 기술을 습득할 필요가 있다.

2. PET의 효율적인 대화기법

1) 수용성 수준 파악하기

PET에서 부모가 자녀를 대할 때 항상 공통의견을 갖기보다 자기 입장에 따라 자주적으로 행동하도록 가르친다. 즉 자녀의 행동을 이해하고 수용하는 수준이 어느 정도인지 파악하는 단계를 거치게 된다. 동일한 행동에 대해서 수용하는 부모가 있는가 하면 그렇지 못한 부모도 있으며 일반적으로 수용의 폭이 넓은 부모가 있는가 하면 수용이 지극히 제한적인 부모도 있다. 그러므로 부모는 자녀와의 관계에서 자녀 행동에 대한 자신의 수용 정도를 파악할 필요가 있다.

이러한 자녀의 행동을 수용하는 정도는 세 가지 요인에 따라 달라질 수 있다.

첫 번째, 부모 자신의 현재 기분이나 행동, 욕구 등을 들 수 있다. 예를 들면 평소에는 수용할 수 있었던 큰 소리로 웃고 떠드는 자녀의 행동이 자신이 과제를 하기 위해 정신을 집중해야 할 상황일 경우에는 수용할 수 없는 행동으로 분류된다는 것이다.

두 번째, 자녀의 행동이 일어나는 시간이나 장소와 같은 환경적 요인이다. 예를 들면 자녀가 공차기를 하는 행동이 운동장에서 이루어진다면 그 행동은 수용할 수 있지만 거실에서 이루어지고 있다면 수용하기가 힘들 것이다.

세 번째, 자녀와 관련된 요인으로 자녀의 연령이나 특성 등에 따라 달라질 수 있다. 예를 들면 어린 자녀가 큰길에서 혼자 노는 것은 수용할 수 없지만 고등학생 자녀가 큰길에서 혼자 노는 것은 문제가 되지 않는다는 것이다.

따라서 수용과 비수용을 구분하는 것은 위의 세 요인의 상호작용의 결과에 따라 끊임없이 변동한다고 할 수 있다.

2) 문제의 소유 가려내기

부모의 수용성이 어느 정도인지 파악한 후에도 계속 문제는 남아 있기 때문에 문제가 누구에게 있는지, 즉 그 문제로 인하여 고통받는 자가 누구인가를 의미하는 문제의 소유를 파악하는 일은 문제 해결에 중요한 단계가 된다.

이것은 세 가지 경우로 나눌 수 있다.

첫째, 문제의 소유자가 자녀인 경우이다. 부모에게는 전혀 문제가 되지 않으나 자녀 자신에게 문제가 되는 경우로 PET에서는 자녀가 스스로 문제를 해결할 수 있도록 도와주는 방법을 사용하도록 부모를 훈련시킨다.

둘째, 부모와 자녀 누구도 문제의 소유자가 아닌 경우로서 PET에서는 이러한 문제없는 영역을 넓히기 위해 다양한 방법과 기술을 부모들에게 훈련시킨다.

셋째, 문제의 소유자가 부모인 경우이다. 이 경우 자녀의

행동이 부모에게 불쾌감과 분노를 일으키게 하는 경우로 부
모가 자녀의 행동을 수용할 수 없다. 문제의 소유자가 누구
인지 밝혀지면 부모가 상황에 따라 수용과 경청과 같은 자녀
의 문제 해결을 도와줄 수 있는 기술(helping skills)을 사용하
거나 부모가 자신의 문제를 해결하기 위하여 나—메시지나
무승부법과 같은 문제에 직면하는 기술(confrontation skills)을
활용하여 문제를 현명하게 처리하여야 한다.

3) 반영적 경청

부모들은 질문자나 도덕적 훈시자 그리고 해결책을 제시
하는 사람이 되고 싶은 유혹을 떨쳐 버리기가 어렵다. 그래
서 부모들은 자신이 모든 것을 다 알고 있다는 듯이 아이들
에게 조언을 하려 들고, 직접 아이들 문제를 해결하는 등의
실수를 범한다. 부모와 자녀들의 마음의 문을 열고 감정을
공유하는 기술을 배우고 효율적으로 활용될 수 있도록 노력
해야 한다. 문제의 소유자가 자녀일 경우 최선의 방법은 자
녀의 말을 들어 주는 것이므로 PET에서는 부모가 효과적으
로 자녀의 말을 들어 주는 기술을 배우게 된다. 들어 주는 방
법에는 첫째, '조용히 들어 주기'(소극적 경청) 방법이 있는

데 이 방법을 사용함으로써 자녀는 말할 수 있는 기회를 갖게 되어 자신의 감정을 부모에게 나타내게 된다. 이로 인해 처음에 나타냈던 문제보다 더 깊고 더 근본적인 문제에 접근할 수 있게 된다. 둘째, '인식 반응하기'로서 아직도 자녀의 말에 관심이 있고 계속 말해도 좋으며 자녀와 많은 것을 공유할 준비가 되어 있음을 알리는 신호이다. 머리를 약간 수그린다거나 미소를 보내거나 "음~음", "오~그래" 등과 같은 신호를 보내는 것이다. 마지막으로, 자녀의 이야기를 비판하거나 판단하지 않고 그대로 수용하고 자녀의 감정을 진심으로 이해하고 노력하는 태도를 가지며 적극적으로 의사소통에 참여하는 방법이 있다. 이러한 방법을 '반영적 경청(Active listening)' 또는 '적극적 경청'이라고 한다. 자녀가 이야기를 할 때 메시지를 포함하지 않고, 다만 자녀가 말한 메시지를 반영해 주거나 다시 자녀의 말을 확인하는 종류의 언어적 반응이라고 할 수 있다. 부모들은 경고나 도덕적 훈시, 가르침, 질문, 판단, 칭찬 그리고 확신 등에 익숙해 있기 때문에, 자녀들에게 말하는 방법을 바꾸어야 하고 다른 새로운 반응방법을 연습하는 데 많은 시간을 보내야 한다.

반영적 경청과정은 3단계로 이루어진다.

① 자녀가 말·태도·말씨 또는 신체적 표현을 통해 문제를

가지고 있다는 단서를 전달한다.

② 부모는 관찰할 수 있는 단서로 암호를 해독하고 자녀가 어떤 문제로 어려움을 겪는지 추측해서 느낌이나 생각을 자녀에게 말해 준다.

③ 자녀는 부모의 말을 피드백하면서 자신의 감정을 확인하거나 그 감정을 거부할 경우 보다 분명한 신호를 다시 보내고자 한다. 이러한 의사소통과정이 효과적으로 진행될 때 자녀가 소유한 문제 영역은 줄어들 것이다.

적극적 경청을 위해서 부모는 다음과 같은 태도를 가져야 한다.

① 자녀가 말하는 것을 듣고 싶어 해야 하며 자녀의 문제에 대해 도움이 되기를 진심으로 원하여야 한다.

② 자녀의 감정을 수용할 수 있어야 한다.

③ 감정은 영속적인 것이 아니라 일시적이라는 것을 인정하여야 한다. 따라서 표현되는 감정을 두려워할 필요가 없다.

적극적 경청은 아이에게 좌절, 당황, 박탈감, 고민, 실패 등과 관련된 문제가 있을 때 더 효과적이다. 아이들이 자기감정을 표현하고 스스로 문제에 대해 해결책을 찾도록 영향을 준다. 부모는 아이를 자기와 구분되는 하나의 독립된 인격체로 받아들이고, 스스로 문제를 해결할 수 있는 아이의 내적 능력을 믿고 거기에 지지해야 한다.

적극적 경청을 사용할 때 알아두어야 할 것이 있는데, 시간이 적절치 않거나 부모가 원하는 대로 자녀들이 행동하도록 조종하려 할 때는 사용하지 말아야 하며 당신의 적극적 경청이 자녀들을 괴롭히거나 강요하는 것이 되지 않게 해야 하고 자녀들이 당신이 원하는 해결책에 도달되기를 기대하지 말아야 한다. 적극적 듣기를 활용할 때 흔히 나타나는 실수들이 있는데 부모가 원하는 대로 이끌기 위해 적극적 듣기를 이용하는 경우, 아이의 말을 끝까지 듣지 않고 미리 판단하는 경우, 적극적 듣기를 잘못 이해하고, 아이의 말만 앵무새처럼 따라하는 경우, 듣는 것에만 치중하여 아이의 감정을 읽지 못하는 경우, 적극적 듣기를 남발하는 경우가 그것이다.

적극적 경청은 연습을 하여야만 잘할 수 있는 능력이 생기고 부모가 정말로 자녀 문제를 이해하기를 원하고 자녀의 감정을 수용하기를 원한다는 것을 아이들이 깨닫는 데에는 시간이 걸리기 때문에 빨리 단념하지 않도록 한다. 그리고 적극적 듣기는 의도적이고 의식적으로 사용되는 하나의 '테크

닉'이기 때문에 처음에는 인위적으로 느껴진다는 것을 받아들여야 한다. 이것은 종종 감정을 수반하지 않고 기계적인 방법이란 생각이 든다. 이것이 사실일지라도 부모들이 계속해서 이 방법을 사용하게 되면, 사랑의 감정과 함께 감정 이입을 느끼게 될 것이다. 테크닉을 배워서 계속 활용한다면 자연히 이에 필요한 태도와 감정을 지니게 될 것이다.

적극적 경청은 '나는 너의 말을 듣고 있단다'라고 인식되고 자녀들의 인정되거나 확인되고 싶은 욕구가 충족된다. 타인에 의한 인식과 인정, 확인을 원할 때 적극적 경청은 효과적이다. 그리고 감정은 솔직히 표현되었을 때에 해소되기 때문에 일시적인 감정을 해결할 수 있다. 부모가 적극적 듣기를 함으로써 자녀들이 느끼는 바를 정확하게 표현할 수 있도록 도와줄 수 있기 때문이다. 자녀들이 자신의 생각을 보다 적극적으로 표현함으로써 부모도 자녀를 더 잘 이해하게 된다. 또 자녀들이 처한 현실과 한계를 수용하도록 도와주고 진정한 문제에 도달할 수 있도록 해 준다. 부모는 자녀를 독립된 인격체로 보게 되고 부모들도 자신에 대한 새로운 통찰을 하게 된다.

자녀가 문제를 소유한 경우 '<표 4> 12가지 의사소통의 걸림돌'을 주의해서 기술을 사용해야 한다. 흔히 부모들은 자녀와의 대화에서, 특히 자녀에게 문제가 있는 경우에 자녀에게 도움을 주려는 의도에서 다음과 같은 형태의 대화를 많이 하게 되는데 이러한 의사소통 형태들은 문제를 해결하기보다 오히려 문제를 복잡하게 만들고 자녀와의 관계를 악화시키는 결과를 초래하기 쉽다. 그러나 이런 걸림돌도 문제없는 영역에서 사용될 경우 유해하기보다는 오히려 적절하고 생산적인 것이 되기도 한다.

〈표 4〉 12가지 의사소통의 걸림돌

① 명령, 지시	자녀에게 어떻게 하도록 명령하거나 지시한다. (예: 문 닫아라, 숙제해라)
② 경고, 위협	자녀에게 어떠한 행동을 하면 어떠한 결과가 생길지 말한다. (예: 만일 또 한 번만 그런 행동을 하면 가만두지 않겠어)
③ 훈계, 설교	자녀에게 해야 할 일과 해서는 안 될 일을 알려 준다. (예: 학생이 공부하는 것은 당연한 거야)
④ 충고, 해결방법 제시	사실, 정보, 논리, 부모 자신의 의견 등으로 자녀의 판단에 영향을 주려 한다. 자녀에게 답이나 해결책을 제공한다. (예: 선생님에게 직접 여쭤보면 될 것 아니니?)
⑤ 논리적인 설득, 논쟁	부모의 지식을 논리적으로 말함으로써 설득하려고 한다. (예: 남들은 그렇게 생각하지 않아. 네가 그렇게 느끼는 것뿐이야. 자신감을 가져라)
⑥ 비판, 비평, 비난	자녀를 부정적으로 판단하거나 평가한다. (예: 네 생각은 틀렸어. 너는 아직 어려서 잘 몰라)
⑦ 칭찬, 찬성, 동의	자녀를 무조건 긍정적으로 판단하고 자녀의견에 동의한다. (예: 너는 뭐든지 잘해)
⑧ 욕설, 조롱, 수치감	자녀에게 욕을 하거나 수치심을 심어 준다. (예: 이 바보야, 그것도 못 하니? 내가 그럴 줄 알았다)
⑨ 분석, 진단	자녀의 행동을 분석하고 부모 스스로가 진단을 내려 말한다. (예: 네가 그렇게 말했기 때문에 친구들이 그랬을 거야)
⑩ 동정, 위로	자녀의 지금 감정은 강경한 것이 아니라고 부정하며 자녀의 감정과는 상관없이 기분을 맞추려고 애쓴다. (예: 어릴 때는 누구나 그런 경험을 하는 거야. 걱정하지 마. 다 잘 될 거야)

⑪ 질문, 탐색	부모가 자신이 문제를 해결하는 데 필요한 정보를 자녀로부터 얻으려 한다. (예: 누구 누구 있었니? 왜 갔지?)
⑫ 화제 바꾸기, 　빈정거림, 후퇴	자녀가 다른 데로 신경을 쓰게 하려고 화제를 바꾸거나 농담으로 돌리거나 문제의 본질과 다른 대화를 한다. (예: 다 잊어버려. 어~ 이게 무슨 냄새야?, 학교에 불이라도 질러서 태워 버리는 게 어때?)

4) 나–전달법

자녀의 행동을 수용하기 힘들다거나 자녀가 하는 것이 마음에 들지 않은 경우, 즉 자녀의 행동을 쳐다볼 때 불쾌감을 갖게 되는 경우로서 자기 속에 욕구 불만, 반발심, 거절 등 감정이 생겼을 때 부모 자신의 문제라고 판단할 수 있다. 부모가 이러한 문제를 가졌을 때 '나–전달법'을 사용해서 도움을 받는다.

대부분의 부모는 자녀와의 대화에서 대립을 가져오는 '너–전달법'을 사용하는 경향이 있다.

① 너–전달법(You–Message)

'너'를 주어로 하여 자녀의 행동을 표현하는 대화방식으로 자녀에게 문제의 책임을 지우면서 부정적인 감정을 느끼게 하는 메시지 전달 방법이다. 이것은 자녀에게 문제가 있다고 표현하는 방식이며 일방적인 강요, 공격, 비난하는 느낌을 전달하고 이에 자녀는 변명하려 하거나 반감, 저항, 공격성을 보일 수 있다.

② 나 – 전달법(I – Message)

'나'를 주어로 하여 자녀의 행동에 대한 부모의 생각이나 감정을 표현하는 대화 방식으로 자녀의 행동 자체가 아닌 자녀에 대한 부모 반응을 판단이나 평가 없이 알려 줌으로써 반응에 대한 책임을 내가 지는 메시지 전달 방법이다. 자녀에게 부모의 입장과 감정, 개방적이고 솔직하다는 느낌을 전달하고 자녀는 부모의 느낌을 수용, 자발적으로 문제를 해결하고자 하게 된다. PET에서 가장 어렵고도 중요한 과제로 부모가 수용할 수 있는 방향으로 자녀가 행동하도록 하는 데 영향을 주어 효과가 대단하다. 그러나 그때 부모 자신의 감정을 조절하는 일을 주의해야 한다.

'나 – 전달법'의 구체적인 방법은 다음과 같다.

첫째, 부모에게 거부감을 주는 자녀의 행동을 비난하지 않고 묘사하고 둘째, 그 행동이 부모에게 끼치는 구체적 영향을 전달하며 셋째, 그때의 부모의 느낌과 감정을 자녀에게 전달해 주는 것이다.

'나-전달법'의 실제 적용에 있어서 발생할 수 있는 문제로는 나-전달법을 자녀가 무시하게 되는 경우와 자녀가 나-전달법을 사용해 부모의 나-전달법에 응수하는 경우를 들 수 있다. 자녀가 나-전달법을 무시할 때에는 자녀가 어떤 활동에 몰입해 있거나 주의가 분산되어 있는 경우를 피하여 부모의 요구나 감정을 보다 잘 표현할 수 있는 어조와 표정으로 나-전달법을 사용하면 된다. 자녀 또한 나-전달법을 사용하여 응수해 오는 경우에는 자녀의 감정과 요구를 먼저 수용하는 자세가 필요하므로 자녀의 이야기를 충분히 경청한 후 부모의 입장에서 나-전달법을 사용한다.

　　'나-전달법'은 받아들일 수 없는 행동을 바로잡게끔 아이에게 영향을 미치는 데에 효과적일 뿐 아니라 아이의 성장과 부모와의 관계에도 긍정적 영향을 미친다. 저항이나 반항을 불러일으킬 가능성이 낮고 행동을 고칠 책임을 아이에게 전적으로 위임하기 때문에 효과적이다. 감정과 영향만을 전달하고 어떻게 행동할지는 아이에게 맡겨 놓는다. 그리고 나-전달법을 쓰면 다툼으로 끝날 가능성이 매우 적다(상대를 비난하는 것보다는 기분을 말하면 상대가 훨씬 덜 불편하게 느낄 것). 또 꾸밈없이 아이를 대하면 부모와 아이 사이가 더 좋아진다. 정직성과 솔직함은 친근성을 높여 준다.

◆ **효율적인 '나-전달법' 사용하는 법**

① 나-전달법을 가장한 너-전달법을 사용하지 않아야 하는데 처음에 많은 부모들이 흔히 '내가 어떻게 느낀다'라는 말만 앞뒤로 끼워 넣어서 너-전달법을 마치 나-전달법인 양 포장해 전달하는 실수를 한다.

② 부정적인 감정을 강조하지 않아야 하는데 나-전달법을 이용해서 부정적인 감정만을 표현하는 것은 좋지 않다.

③ 부모의 솔직한 감정을 전해야 하는데 자녀들에게 그들의 행위가 왜 당신에게 문제를 야기하는지 말해 주어라.

④ 화를 내기에 앞서 자기감정을 체크해야 하는데, 부모들은 일차감정과 이차감정의 차이를 이해할 수 있어야 한다. 어떤 상황이 발생했을 때 일차감정에 좀 더 집중하면 이차감정인 분노를 표출하는 대신 일차적 감정을 전달할 수 있게 된다. 이러한 과정을 통해 부모들은 화가 날 때 자기 마음속에 진짜로 있는 것이 무엇인지를 깨달을 수 있다.

⑤ 모든 나-전달법이 효과를 보리라고는 기대하지 말아야 한다.

5) 무승부

부모-자녀 간 갈등이 발생했을 경우 승부적 태도는 부모가 권위적 태도를 취하여 승자가 되든지 허용적 태도를 취하여 자녀가 승자가 되든지, 둘 중 하나를 택해야 하는 갈등을 겪게 된다. PET에서 제시하는 '무승부법'은 갈등상황에서 최종의 해결책을 모색하기 위해 부모와 자녀가 함께 참여한다. 이때 비판적으로 평가해서 가능한 해결방안을 결정하게 되므로 문제에 대한 효과적인 해결책이라고 보고 있다. 결과는 양쪽 모두가 받아들일 수 있는 것이기 때문에 양쪽이 모두 승자가 되는 것이다. 무승부법은 부모와 자녀 사이에는 욕구의 충돌 상황에서 상호 합의를 통해 궁극적 해결책에 도달하는 갈등 해결방법인데 이때 서로 받아들일 수 있는 해결방법을 함께 찾아보자고 이야기한다. 그리고 부모와 아이 양쪽이 가능한 해결책들을 제시한다. 비판적으로 검토하고, 양쪽이 합의하여 최종 해결책을 이끌어 낸다. 해결책이 채택되고 나면 양쪽 모두 동의한 것이므로, 어느 쪽도 손해 보는 일이 없다. 해결책에 반발하는 일도 없으므로 강제로 따르게 할 필요도 없다. 무승부법은 4세 이상의 아이들에게는 먼저 이 방법이 어떤 방법인지 설명해 주고, 앞으로는 이러한 방법으로 갈등을 해결하고 싶다고 아이들에게 이야기하고 3세 이하의 어린 아이들에게는 설명 없이 바로 시작한다.

Gordon은 효율적인 무승부법의 시행 단계를 아래와 같이 제시하고 있다.

<표 5> 무승부법의 시행단계

단계	단계 내용	부모교육의 효과
1	갈등을 확인하고 정의	−가장 핵심적인 단계로 아이와 부모의 욕구가 무엇인지 정확히 정의해야 하고 아이에게 부모의 감정을 확실하고 분명하게 이야기하고 적극적 듣기를 통해 아이의 욕구를 파악한다. 그 후에 갈등이나 문제를 이야기해서 해결해야 할 문제가 무엇인지 아이와 부모 모두 충분히 이해할 수 있도록 한다.
2	가능한 한 여러 해결책 모색	−아이의 해결방법을 먼저 듣고, 제안된 해결책을 평가하거나 비판·경시하지 말고, 부모의 욕구를 만족시키지 않는 해결책이라도 그 점에 대해 언급하지 않는다. −아이의 생각을 보탤 수 있도록 부추기고 다른 대안을 다양하게 모색(Brainstorming)할 수 있도록 격려한 후 열거된 의견들을 유사한 것끼리 조합한다. 먼저 자녀가 가지고 있는 해결방법을 알아보고 나서 부모의 해결방법을 제시한다. 자녀가 제시한 해결방법을 평가하거나 판단하지 않는다.
3	모색된 해결책의 평가	지금까지 나온 여러 방법들에 대한 아이의 생각을 묻고 함께 이야기하여 경우의 수를 한두 개 정도로 좁힌다. 부모는 각 해결책에 대해 자신의 느낌을 정직하게 나타내야 한다.
4	최선의 해결책 결정	−최종 결론에 도달하는 과정에서 질문을 던져 다른 해결책에 대한 아이의 생각을 확인하고 결정된 것이 바꿀 수 없는 것이라고 생각하지 않는다. 결정에 같이 참여했음을 이해시키고 잊어버리지 않게 결정된 방법을 적어 놓고 결정된 것을 지키겠다는 약속을 명확히 한다.
5	결정된 해결책을 실천할 구체적 방법 마련	어떤 결정이 내려진 후에 결정된 사항을 어떻게 시행할 것인지에 대해 구체적인 사안을 명확하게 할 필요가 있다. 결정된 사항을 구체적으로 기록하고 약속증서와 같은 형식의 문서를 작성하여 서명하고 눈에 잘 띄는 곳에 게시한다.
6	결과가 어떠했는지 확인	−무패방법을 통해 내린 결정이 항상 좋은 결과를 가져오는 것은 아니기 때문에 아이에게 결정된 사항이 여전히 마음에 드는지 물어 확인할 필요가 있다. 확인을 통해 최초의 결정을 수정할 수 있다. 자녀는 실천하기 어려운 방법에 별 생각 없이 동의하기도 한다. 약속이 이행되지 않을 경우 해결책이 효과가 없는 이유를 자문해 보고 문제를 다시 단계적으로 밟아 나간다.

무승부법을 효과적인 갈등 해결책이라고 보는 구체적인 이유는 다음과 같다.

첫째, 자녀는 문제에 대해 강제적인 것이 아닌 자신이 결정한 일을 실천하려 하므로 자녀가 해결에 적극성을 보이기 때문이다. 아이는 결정된 바를 실천하고자 하는 좀 더 강한 동기를 갖게 되는데 이는 참여의 원칙에 따라 얻은 결론이기 때문이다.

* 참여의 원칙: 사람은 다른 사람에 의해 강요된 결정사항이기보다 의사 결정과정에 참여하여 결정한 사항에 대해 더 강한 실천 의지를 느낌

둘째, 양쪽의 욕구를 만족시키고 실행에 옮기기 쉬우며 문제에 대한 창의적이고 고차원적인 좋은 해결책이 발견되기 때문이다. 이렇게 얻어지는 해결책은 받아들여지고 실천에 옮겨질 가능성이 있고 질적으로 창의적이고 더 효과적으로 대립을 해결할 수 있다.

셋째, 자녀의 생각과 애정이 더해져 자녀의 사고능력을 향상시키는 훈련의 효과가 있기 때문이다. 다시 말해 자녀가 스스로 생각하게 되는데 문제의 해결을 위해 같이 생각하는 동안 깊은 애정, 자애로운 감정이 생겨 더 가까워지고 대립된 감정이 해소되며 패배하지 않았다는 자부심에 기분도 좋아지게 된다는 것이다. 이는 부모와 아이에게 논리적 사고의

연습이 될 수 있다.

넷째, 동의한 결과이기 때문에 자발적으로 실천할 것이고 따라서 강제를 사용할 필요성이 없어지기 때문이다. 일단 해결방법에 동의하고 나면 아이들은 보통 결정된 사항대로 실천하기 때문에 아이에게 억지로 시킬 필요가 없어진다.

다섯째, 자녀의 특별한 행동 원인의 핵심까지 알아낼 수 있으므로 문제의 본질이 더욱 확실해지기 때문이다.

여섯째, 이 방법을 지속적으로 사용하면 두 사람의 합의에 결론을 도출해 냄으로, 갈등과 미움과 적대감이 줄어들고 부모와 아이의 관계가 강화되고 친밀해지며 사랑이 커진다.

무승부법은 아이의 참여를 유도하는 아주 중요한 단계로 아이의 주의를 끌고 아이가 문제 해결에 적극적으로 참여하도록 해야 한다. 첫 번째로 아이에게 "해결해야 할 문제가 있다"라고 뚜렷하고 간결하게 이야기하고, 두 번째로 아이와 부모 모두 마음에 드는 해결방안을 찾는 과정에 아이가 동참하기를 바란다는 것을 분명히 이야기한다. 세 번째로, 언제 시작할지 합의한다. 그리고 무패방법에서는 양쪽 모두가 문제 해결에 참여하는 것이 반드시 필요하기 때문에 효과적인 의사소통이 전제 조건이다. 따라서 부모는 적극적 듣기를 열심히 사용하고 나–전달법의 형태로 말해야 한다. 적극적 들기는 아이들이 마음을 열고, 실제 욕구를 드러낼 수 있도록 해 주고, 아이에게 자신이 제시하는 해결책이 충분히 이해되고 받아들여지고 있다는 생각을 하게 한다. 또한 나-전달법은 이를 통해서 아이들이 부모의 감정을 이해할 수 있게 한다. 또 처음 무패방법을 시도할 때에는 일시적이고 단발적인 문제보다 오래 묵은 갈등을 가지고 시작하는 것이 좋다.

아이들끼리의 다툼에도 무승부법을 적용하면 좋은데 형제들 사이의 다툼에 대해서도 아이들은 부모의 판단을 원한다. 이는 자기들끼리의 갈등을 해결하지 않고 부모의 권위에 호소하는 것이다. 하지만 아이들의 다툼은 아이들의 문제임을 부모가 아이들에게 강조해야 한다. 부모는 갈등에 직접 개입하지 않고, 아이들의 입장을 전달하는 역할을 해야 한다.

물론 무패방법은 실패할 가능성이 있다. 그 이유는 몇몇 부모는 권위를 포기하기를 두려워하고, 아이들이 무패방법의 갈등 해결방법에 참여하지 않으려 하기 때문이다. 부모들은 자녀 양육에 있어 권위와 힘의 필요성에 대한 오랫동안 간직해 온 가치관과 신념을 저버리는 결과가 되어 버리기 때문에 시도하지 않고, 아이들은 부모를 부모로 취급하지 않거나 부모에게 크게 화가 나 있고 적의를 가지고 있기 때문에 무패방법을 시도조차 하지 못하는 경우가 있다.

PART 05

미술치료 사례

미술치료 사례

1. 김○호(남/6세)

동생에 대한 거부감과 미운 감정을 표현한 그림으로 공격적이고 위협적인 모습이 그려졌다. 이 아동은 동생에 대한 부정적인 감정을 그림을 통해 표현함으로써 파괴적인 방법으로 감정 처리하는 것을 피할 수 있다. 부정적인 감정을 거부하거나 억압하면 왜곡되거나 혼란된 행동이 나타날 수 있다. 하지만 그림을 통해 표현함으로써 그 감정들을 안전하게 해소할 수 있다.

2. 이 ○ 민(남/8세)

자신의 관심사인 만화의 주인공과 게임의 소재 등이 화면 가득 등장하고 있다. 자신의 관심사에서 받은 느낌이나 감각이 반복적으로 나오고 있고 채색이 전체적으로 완벽하게 이루어지지 않은 것에서 자신의 생각 표출이 중심이 된다. 전체 내용의 연관성은 없지만 하늘과 땅의 구분에서 객관적 사고와 공간적 개념이 조금씩 발달하고 있다.

3. 황○석(남/7세)

　전도식기에 속하는 아동의 그림으로 의식적 표현이 싹트고 있다. 텔레비전에서 보았던 무지개를 자신의 방식대로 묘사하고 있다. 무지개색의 순서가 맞지는 않지만 최대한 자신의 경험에 바탕을 두고 무지개와 배경을 그렸다. 자신이 표현한 것을 외부와 연결시키려 하고 있고 표현된 것과 대상과의 관계를 발견한 것을 그림을 통해 나타내고 있다.

4. 박○현(여/6세)

　　그림을 통해 아동의 발달단계를 알아볼 수 있다. 이 그림은 전도식기에 해당하는 그림으로 주로 사람을 그리고, 감정과 정서에 따라서 좋아하는 색을 선택하여 그렸다. 대상에 대한 감정을 상징적으로 묘사하고, 자기중심적으로 배치되어 있다. 자신의 경험과 생각을 주저 없이 나타내는 창조적 성장의 시기를 거치고 있음을 알 수 있다.

5. 최 ○ 혜(여/6세)

　작품 속에서 특별한 주제가 여러 번 반복되어 나타나는 것은 아동이 그 주제에 대해 중요하다고 여기거나 관심이 많음을 알 수 있다. 또한 자신과 자신의 문제를 과장된 방법으로 표현한다. 이 그림은 가족과 아기에 대한 이미지가 반복되어 표현되고, 그 주변이 색채와 선으로 강조되어 있다. 그러므로 엄마와의 애착관계에 불안을 느끼고 있으며 그 불안감이 해소되길 바라는 욕구가 표현된 것임을 알 수 있다.

6. 이ㅇ준(남/10세)

　인물상에서 목이 생략되어 있고 양손, 두 다리의 신체 비가 맞지 않는다. 아직 완벽한 자아상이 정립되지 않았으며 눈과 코가 한 선으로 이어져 있고 입은 치아를 드러내고 크게 묘사되어 있다. 성기를 진한 선으로 그린 후 부정하는 듯이 선을 그어놓았다. 성적 호기심이 표출되고 있고 과장된 손과 표정에서 과잉행동 및 공격적 성향이 보인다.

7. 나○주(여/7세)

　한가운데 자리하고 있는 소녀는 공주풍의 드레스를 입고 긴 머리카락을 양쪽으로 묶고 있어 여성스러움이 나타나고 있다. 도식기 아동의 특징인 중요한 부분을 과장하는 특성이 나타나고 있으며 하트와 별, 무대의 커튼처럼 표현된 화지 상단의 표현에서 주관적인 인물과 공간 개념의 표현이 잘 드러나고 있다.

8. 김 ○ 진(여/9세)

　대상과의 관계를 그림을 통해 도식으로 표현하고 있는데 아빠의 상단 위치에서 가부장적인 가정의 모습을 유추할 수 있다. 가운데 위치한 엄마와 오른쪽에 위치한 딸의 입이 동그랗게 묘사된 것에서 가족 중에 활달한 성격을 가지고 있음을 알 수 있다. 전체 신체를 묘사하지 않고 얼굴과 머리만 그린 것에서 중요하지 않은 신체부위를 과감하게 생략하는 도식기 아동의 특징이 나타나고 있다.

9. 이 ○ 민(여/7세)

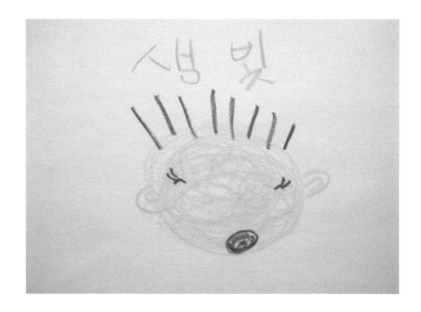

　남동생을 그린 그림으로 첫째로서 동생에 대한 애정과 갈등이 동시에 나타나고 있는 그림이다. 유아의 모습과 특징을 비교적 잘 묘사한 것을 통해 주의력과 관찰력이 좋음을 알 수 있고 그만큼 자신이 보살펴야 하는 존재로 인식하고 있음을 알 수 있다. 하지만 채색된 얼굴은 강한 필압과 낙서형태로 채색이 이루어져 갈등이 드러나고 있다.

10. 허○나(여/8세)

아동은 가족여행에 대하여 그림으로 표현하였다. 아동은 노란색을 주로 사용함으로써 애정에 대한 욕구를 표현하였다. 또한 본인 이외의 가족은 그림 속에서 표현하지 않았으며, 자동차와 윗부분의 선으로 자신을 둘러쌌다. 이 시기의 아동에게서는 이처럼 주관적인 공간표현으로써 투시법적인 표현이나 전개도식 표현이 나타나고 겹쳐지는 그림이 자주 등장한다. 하지만 이 그림 속에서 아동의 이러한 표현은 가족 안에서 안정감을 느끼기보다는 불안정함과 불안함을 느끼고 있음을 내포하기도 한다.

11. 박○민(남/8세)

도식기에는 중요한 부분을 확대 과장하여 그리고, 중요하지 않은 부분은 무시하거나 축소하여 그린다. 반면에 이 그림에선 모든 그림들이 확대되어 있어 과장된 인상을 준다. 또한 굵고 강한 필압을 통해 자기주장이 강하고 활동적인 성향임을 알 수 있다. 환경에 대해 적극적으로 행동하며 자신감에 차 있는 모습이다.

12. 강○원(여/6세)

자유롭게 그린 그림에서 아동은 자신과 친구들의 모습을 표현하였다. 유아에게서 최초로 나타나는 두족류의 인물 형태에서 발달하여 자신만의 인물 표현이 나타난다. 이 아동의 경우, '여자'는 양 갈래의 긴 머리가 상징화되어 표현되었다.

또한 이 시기에는 사물에 대하여 자기중심적 사고가 강하기 때문에 자신이 느끼는 대로 외부세계를 표현한다. 가장 오른쪽에 위치한 인물이 본인이며, 자신과 가장 가깝다고 느끼는 사람을 본인과 가장 가깝게, 비슷하게 표현한다.

13. 배 ○ 민(남/9세)

　좋아하는 자동차들을 그렸으나 대립하는 색채를 사용하고 주제의 구성 또한 대립적이다. 양가적인 감정이 들고 갈등상황이 자동차를 통해 은유적으로 드러났다. 단단하고 진한 크레파스를 선택하여 사용함으로써 자신의 감정을 강조하고 있으며, 화면의 오른쪽을 많이 사용하여 충동적이고 남성성이 강한 것을 알 수 있다.

14. 박ㅇ희(여/9세)

　또래집단기에 해당하는 아동의 그림으로 여러 명의 친구들이 등장하고 있다. 연필로 스케치를 한 후 채색을 한 것에서 완벽하게 그림을 표현하려는 노력이 보인다. 소재는 만화이지만 표현에서는 도식적·사실적 표현이 동시에 나타나고 있으며 사실적인 묘사가 주를 이루고 있다. 하지만 아직 3차원적인 공간 개념이 확립되지 않아서 등장인물의 시선이 모두 앞을 향하고 있다.

15. 이○나(여/14세)

　자신의 감정을 '기쁨, 분노, 우울, 짜증' 4가지로 나누어서 표현한 그림이다. 이 시기의 청소년은 아동과 성인의 과도기 단계로, 감정상의 은밀함과 미묘한 갈등을 간직하고 털어내 놓지 못해 불안하고 심하면 우울해지기도 한다. 그러므로 자신의 감정을 시각화하여 표출하거나 자신의 내면에 잠재되어 있는 감정에 대하여 올바르게 인지할 수 있도록 도움을 주는 것이 좋다.

16. 이○정(여/14세)

원하는 것을 쟁취하고 남 앞에 나설 수 있고, 리드할 수 있는 자신이기를 바라는 마음을 사자에 비유하여 표현하였다. 다른 친구들을 자신보다 작은 개로 묘사하여 스트레스를 해소할 수 있으며, 표상을 바꾸어 표현하여 작품을 통해 자신의 욕구를 격려받고 위로받을 수 있다.

17. 강○희(여/13세)

도안 선을 따라 외곽선을 한 번 그린 후 안쪽 방향으로 무 늬를 채우는 방식으로 채색이 이루어졌다. 전체적으로 화려 한 색을 보이고 있고 높은 필압으로 그림이 빈틈없이 메워져 있다. 내향적이고 완벽주의적인 성향이 보이며 안정적인 외 압선을 먼저 그린 것은 도식기(7~9세) 아동의 기저선과 유사 하게 보인다. 이는 현재 아동의 나이에서 보면 퇴행의 행동 으로 해석된다. 현재 불안수치가 높은 환경에 처해 있는 것 으로 추정된다.

18. 황○영(여/14세)

　바닷속에 고양이가 살고 있고 고양이 머리에는 빨간 뿔이
달려 있다. 사실적인 묘사는 아니지만 청소년기의 낭만적 이
상과 야망이 나타나 있다. 또한 감정적으로 자기 나름의 표
현을 하고 있으며 디자인적인 요소가 등장하고 있다. 사춘기
의 갈등상황 속에 있지만 다양한 관심과 미래에 대한 희망이
다양한 형태와 색채로 표현되어 있다.

19. 오○아(여/14세)

　외부 시선에 신경을 많이 쓰고 있어서 눈과 카메라가 소재
로 등장하고 있다. 그리고 카메라 위에 빛나는 표시를 추가
해 가지고 싶은 욕망을 나타냈다. 외모와 주위의 평가에 대
한 청소년기의 갈등이 그림 속에 나타나고 있고 자기의 감정
을 콜라주로 잘 표현하고 있다. 또한 화면 전체를 사용하지
않고 좌측에 배치하여 디자인적인 감각을 살렸다.

20. 강○화(여/15세)

　겹겹이 쌓은 종이는 자신의 감정과 생각을 처리하는 방식과도 비슷하다고 설명하였다. 갈라진 종이들이 동심원과 비슷한 형태로 중심에서 밖으로 뻗어나가는 모습을 통해 의식적인 성장이 이루어지고 있음을 알 수 있다. 부정적이고 억압하던 감정 상태에서 벗어나 긍정적으로 변화에 대응하려는 상태로 변화가 많은 시기를 겪고 있으므로 강점을 살려주는 긍정적인 피드백이 요구된다.

21. 이○연(여/15세)

　전체적으로 에너지가 낮고 우울감이 많으며 자신감이 떨어져 있는 그림이다. 인물들을 분리, 구분시켜 고립되고 내성적인 성향이 잘 표현되어 있다. 개방적인 감정 태도를 가지지 못하고 방어·회피적임을 알 수 있으며, 안정에 대한 욕구를 가지고 있다. 이러한 자신의 의존적인 욕구를 주변 친구들을 통해 해소하는 것을 보여준다. 하지만 청소년기에는 가족으로부터 분리되어 친구나 자기 자신에게 의존하려는 경향이 높아지므로 그림의 의미에 대한 설명을 충분히 듣는 것이 중요하다.

22. 정 ○ 원(여/13세)

아동은 자신의 꿈 내용을 그림으로 표현하였다. 아동은 자신의 작품에 대하여 귀신이 자신을 해치려 하고 있고 자신은 도망가려고 하나 곧 잡히고 말 것이라고 설명하였다. 이는 현재 이 아동이 중학교 진학과 더불어 변화되는 주위 환경에 대하여 불안함을 가지고 있음을 알 수 있게 해 준다. 하지만 다양한 색의 사용과 강한 필압의 표현은 아동이 가지고 있는 긍정적인 에너지를 시사한다.

23. 홍○희(여/14세)

　자신이 살고 싶은 곳을 잡지에서 찾아 콜라주 형식으로 표현한 작품이다. 그림 속에서 아동은 값비싸고 럭셔리한 물건과 명품들로 꾸며진 자신의 방을 표현하였다. 이 아동은 자신의 현재 상황과 이상 사이에서의 혼란으로 인한 정서적 불안과 욕구 불만이 품행의 장애로 나타났다. 이러한 아동은 자신의 내면의 욕구 및 감정의 표출을 통한 감정의 정화와 정서적 안정에 목적을 두어야 한다.

24. 박○인(남/16세)

　풍차라고 제목을 지은 이 만다라는 집중력을 향상시키기를 위한 목적으로 진행하였다.

　평소 실수가 많고 주의력이 떨어져 산만한 우뇌형의 아동들은 집중력을 키우고 계획적인 사고를 강화하기 위하여 좌뇌를 활성화할 수 있는 미술치료 프로그램을 이용하는 것이 좋다. 이 아동도 만다라 안에 한지를 사용하여 만다라의 모양과 형태를 구성하고 계획하는 프로그램을 진행하여 좌뇌를 강화할 수 있도록 하였다. 이러한 프로그램은 끝난 후에 성취감을 얻게 되어 아동의 정서에 전반적으로 긍정적인 영향도 함께 미치게 된다.

25. 강○두(남/15세)

　청소년기의 특징적 발달 중 하나는 가족으로부터 분리되어 친구나 자기 자신에게 의존하려는 경향이 높아진다는 것이다. 특히 청소년 전기의 남자아이들은 또래집단의 인정을 받고자 하는 욕구가 매우 강하다. 이 아동의 그림에서도 나타나듯이 이 시기의 청소년들은 심리적으로 어떤 집단의 성원이 되기를 추구하는 경향이 있으며, 자기가 속한 집단에 의하여 자신을 정의하고자 한다. 이와 더불어 집단 내에서 자신의 역할과 지위를 평가하고 내면화한다. 이때에 자신을 존중하도록 자존감을 키워 주며, 혼돈스러운 자아를 구체적으로 객관화하여 자신을 직면할 수 있는 기회를 제공하는 것이 중요하다.

참고문헌

김선현(2006). 『똑똑한 내 아이를 위한 미술치료 쉽게 하기』. 서울: 진선 아트북.

김선현(2009). 『마음을 읽는 미술치료』. 서울: 넥서스.

김선현(2009). 『임상미술치료학』. 서울: 계축문화사.

김선현(2011). 『좌뇌-우뇌 활성화를 위한 미술치료』. 이담북스.

김유미(2006). 『두뇌를 알고 가르치자』. 학지사.

김영희, 박범혁, 정영숙(2001). 『아동발달과 부모교육』. 서울: 시그마 프레스.

대한신경정신의학회(2005). 『신경정신의학 2nd Edition』. 서울: 중앙 문화사.

리즈 엘리엇(2004). 『우리 아이 머리에선 무슨 일이 일어나고 있을까?』. 궁리.

서신자(2005). 「적극적 부모역할훈련이 자기존중감과 양육태도변화에 미치는 효과」. 남부대학교 석사학위논문.

성영혜, 윤석희, 이경화(1994). 『부모교육』. 서울: 문음사.

송규운, 윤호열, 이순종(2002). 『창의성과 부모 교육』. 서울: 창지사.

송명자(2002). 『발달심리학』. 서울: 학지사.

수전 그린필드(1997). 『휴먼 브레인』. 사이언스북스.

양경이(2005). 「적극적 부모역할 훈련이 양육태도 및 자녀의 자아존 중감에 미치는 영향」. 원광대학교 석사학위논문.

오영희, 송영란, 강영식(2003). 『부모교육의 이론과 실제』. 서울: 동문사.

유효순, 지성애(2000). 『부모교육』. 서울: 정민사.

윤혜영(2006). 「P.E.T. 프로그램이 어머니와 자녀 간의 의사소통 증진에 미치는 효과」. 아주대학교 석사학위논문.

이경희(2010). 『아동발달과 부모교육』. 서울: 교문사.

이명조(2008). 『영유아발달과 교육』. 서울: 양서원.

이숙, 우희정, 최진아, 이춘아(2002). 『훈련중심 부모교육』. 서울: 학지사.

정갑수(2009). 『Brain science』. 열린과학.

정옥분(2004). 『부모교육(부모역할의 이해)』. 서울: 양서원.

정옥분(2006). 『아동발달의 이해』. 서울: 학지사.

정옥환(2006). 「북한이탈가정 아동의 심리적 적응증진을 위한 어머니 - 아동 상호작용 프로그램 개발」. 서울여자대학교 박사학위논문.

최숙희(2004). 「자녀의 발달단계에 따른 부모교육에 대한 부모의 인식」. 한국방송통신대학교 석사학위논문.

현미숙(2003). 「아동 부모교육·상담을 위한 부모역할 지능 척도의 개발과 타당화」. 숙명여자대학교 박사학위논문.

A. H. Ropper, M. A(2009). Samuels. Adam's and Victor's principles of neurology: McGraw Hill.

Gilfoyle, Grady, Moore(1990). Children adapt: SLACK.

Jean Ayres(2006). 『감각통합과 아동』. 군자출판사.

J. N. Giedd et al.(1999). Brain development during childhood and adolescence: a longitudinal MRI study. Nature neuroscience. 2, 861 - 863.

Lakshmi Bangalore(2007). Brain development: Gray matter.

Noah Hass - Cohen, Richard Carr(2008). 『미술치료와 임상뇌과학』. 시그마프레스.

Thomas Gordon, 김인자 역(2002). 『부모 역할 배워지는 것인가』. 서울: 한국심리상담연구소.

Thomas Gordon, 이훈구 역(2002). 『부모 역할 훈련』. 서울: 양철북.

Tomas Paus et al.(1999). Structural maturation of neural pathway in children and adolecents: in vivo study. Science. 283, 1908 - 1911.

김선현

한양대학교 대학원 이학박사
한양대 미술교육대학원 미술교육학 석사
가톨릭대학교 상담심리대학원 석사
서울과학기술대학교 미술학사

차의과학대학교 미술치료·상담심리학과 교수
차병원 미술치료클리닉 교수
베이징대학교 의과대학 교환교수 역임
대한트라우마협회 회장
세계미술치료학회 회장
한·중·일 학회 회장
차의과학대학교 미술치료 대학원 원장 역임
대한임상미술치료학회 회장 역임

이규범 —————————————————————————————

가톨릭대학교 의과대학 졸업
Simply Beautiful Cosmetic Surgery, NSW, Australia(재생의학) 연수
현) 서울재활병원 부원장
　　서울재활병원 재활의학전문의
　　대한재활의학회 정회원
　　대한소아재활발달의학회 정회원
　　대한사회복지사협회 정회원

주요분야: 소아재활, 뇌신경재활, 통증재활, 지역사회재활

뇌와
임상미술치료

초 판 인 쇄 | 2013년 4월 5일
초 판 발 행 | 2013년 4월 5일

지 은 이 | 김선현, 이규범
펴 낸 이 | 채종준
펴 낸 곳 | 한국학술정보㈜
주　　소 | 경기도 파주시 문발동 파주출판문화정보산업단지 513-5
전　　화 | 031) 908-3181(대표)
팩　　스 | 031) 908-3189
홈 페 이 지 | http://ebook.kstudy.com
E - m a i l | 출판사업부 publish@kstudy.com
등　　록 | 제일산-115호(2000. 6. 19)

ISBN　　978-89-268-4208-9 93180 (Paper Book)
　　　　　978-89-268-4209-6 95180 (e-Book)

이담
Books 는 한국학술정보(주)의 지식실용서 브랜드입니다.